Carolyn Boyes

SEGREDOS DE COMUNICAÇÃO PESSOAL

EDITORA
FUNDAMENTO

Sobre a autora

Carolyn Boyes tem mestrado em hipnoterapia clínica e oferece treinamentos e consultoria há mais de uma década. É autora de *Career Magagement* e de outros livros publicados pela Harper-Collins, como *Cool Careers*, *Need to Know? NLP* e *Need to Know? Cognitive Behavioural Therapy*.

Segredos de Comunicação Pessoal

2013, Editora Fundamento Educacional Ltda.

Editor e edição de texto: Editora Fundamento
Arte da capa: TRC Comunic Design Ltda. – ME (Marcio Luis Coraiola)
Editoração eletrônica: TRC Comunic Design Ltda. – ME (Marcio Luis Coraiola)
CTP e impressão: Serzegraf Indústria Editora Gráfica
Tradução: Demberg.com Comunicação e Marketing Ltda. (Flávio Demberg)
Revisão Técnica: Humberto Luiz Galupo Vianna

Publicado originalmente em inglês por HarperCollins Publishers Ltd.
Copyright © HarperCollins Publishers 2010
Tradução © 2010 Editora Fundamento. Traduzido sob licença de HarperCollins Publishers Ltd.
Os direitos autorais do autor são preservados.

Dados Internacionais de Catalogação na Publicação (CIP)
(Câmara Brasileira do Livro, SP, Brasil)

Boyes, Carolyn
   Segredos profissionais: Segredos de comunicação pessoal/Carolyn Boyes [versão brasileira da editora] – 1. ed.
– São Paulo, SP: Editora Fundamento Educacional Ltda., 2013.

   Título original: Business secrets: Communication secrets

   1. Comunicação nas organizações I. Título

11-14855   CDD-658.45

Índice para catálogo sistemático:
1. Comunicação pessoal: Administração 658.45

Fundação Biblioteca Nacional

Depósito legal na Biblioteca Nacional, conforme Decreto nº 1.825, de dezembro de 1907.
Todos os direitos reservados no Brasil por Editora Fundamento Educacional Ltda.

Impresso no Brasil

Telefone: (41) 3015 9700
E-mail: info@editorafundamento.com.br
Site: www.editorafundamento.com.br

Este livro foi impresso em papel pólen soft 80 g/m² e a capa em papel cartão 250 g/m².

Sumário

Introdução — 8

1 Uma base firme — **10**
1.1 Assuma a responsabilidade — 12
1.2 Fique atento aos fatos — 14
1.3 Ouça ativamente — 16
1.4 Faça perguntas eficazes — 18
1.5 Ministre as informações adequadamente — 20
1.6 Escolha as palavras — 22

2 Noções básicas sobre o corpo — **24**
2.1 Sobressaia-se ao primeiro olhar — 26
2.2 Fique atento ao espaço individual — 28
2.3 Pratique o aperto de mão — 30
2.4 Use o contato visual cuidadosamente — 32
2.5 Demonstre cordialidade — 34
2.6 Seja autoconfiante — 36
2.7 Seja culturalmente correto — 38

3 Comunicação em equipes — **40**
3.1 Fique atento à dinâmica — 42
3.2 Crie um ambiente de confiança — 44
3.3 Demonstre gratidão — 46
3.4 Estabeleça um *rapport* — 48

3.5	Dê feedbacks	50
3.6	Seja persuasivo	52
3.7	Seja um *coach*	54

4 Aproveitando ao máximo as reuniões — 56

4.1	Planeje e prepare-se	58
4.2	Preste atenção à plateia	60
4.3	Mantenha a cabeça erguida	62
4.4	Mantenha a relevância da discussão	64
4.5	Seja um contador de histórias	66
4.6	Seja conciso e agradável	68
4.7	Sente-se no lugar certo	70

5 Vendendo com sucesso — 72

5.1	Pense no cliente	74
5.2	Mostre os benefícios para o cliente	76
5.3	Ganhe o apoio das outras pessoas	78
5.4	Transmita credibilidade	80
5.5	Saiba por que os clientes dizem "não"	82
5.6	Estimule a imaginação	84
5.7	Compreenda os valores	86
5.8	Evite "mas" e "tentar"	88
5.9	Não pense em uma árvore azul	90
5.10	Lide com as reclamações de maneira flexível	92

6 Comunicando-se a distância   94
6.1 Seja flexível ao falar   96
6.2 Mantenha a etiqueta ao telefone   98
6.3 E-mail: use-o com moderação   100
6.4 Seja profissional   102
6.5 Não use o e-mail como evasiva   104

7 Superando as dificuldades   106
7.1 Mantenha o foco   108
7.2 Diga "não" habilmente   110
7.3 Controle suas emoções   112
7.4 Não interrompa   114
7.5 Questione o mau comportamento   116
7.6 Ouça empaticamente   118
7.7 Torne-se um grande negociador   120
7.8 Evite julgamentos   122

Índice de jargões   124

Comunique-se de modo eficaz nos negócios

A comunicação pessoal está no cerne de todos os negócios que fazemos. No entanto, a má comunicação é um grande problema para as empresas e para as pessoas, gerando falta de confiança, desempenho insuficiente e alta rotatividade de empregados. Grande parte dessa comunicação acontece por acaso, acompanhada de mensagens equivocadas. Se você quer ser bem-sucedido em seus negócios, vale a pena aprender sobre a comunicação realmente eficaz.

Por trabalhar em negócios internacionais desde o início da carreira, tenho observado como a comunicação pessoal pode ajudar ou atrapalhar os relacionamentos dentro de uma empresa e afetar as equipes e os objetivos do negócio como um todo. A comunicação ineficiente pode causar estresse e dificuldades para os empregados de uma empresa.

Por ter formação em idiomas e em vendas, sempre considerei muito importante a linguagem. As pessoas podem ganhar um bom dinheiro por serem habilidosas com as palavras, mas também podem perder seus empregos, se a habilidade para se comunicar for ruim. Com frequência, a comunicação pode se tornar distorcida: a pessoa pensa ter dito uma coisa quando transmitiu uma mensagem totalmente diferente. Durante os últimos dez anos, como instrutora de programação neurolinguística, lidei com a comunicação mais profunda que se dá entre as pessoas e em grupos por meio da comunicação não verbal. Por isso, é importante que todo profissional aprenda os segredos da comunicação pessoal.

Este livro contém cinquenta **segredos**, divididos em sete capítulos:

■ **Uma base firme.** Apresenta o básico da comunicação pessoal que você pode utilizar em qualquer situação.

■ **Noções básicas sobre o corpo.** Explica a comunicação não verbal e os detalhes que merecem atenção.

■ **Conversas com a equipe.** Apresenta um roteiro completo de como se comunicar com os colegas ou com o chefe.

■ **Aproveitando ao máximo as reuniões.** Mostra o que fazer em reuniões ou apresentações.

■ **Vendendo com sucesso.** Apresenta os segredos de como se comunicar de modo eficaz com clientes.

■ **Comunicando-se a distância.** Explica os prós e contras do uso do telefone e do e-mail.

■ **Superando as dificuldades.** Ensina como controlar situações difíceis na comunicação.

Não se descuide da boa comunicação. Planeje e exercite suas habilidades de comunicação pessoal.

Capítulo 1
Uma base firme

Esteja atento aos fundamentos da comunicação para transmitir sua mensagem da maneira pretendida por você ou por sua empresa. Com uma comunicação eficaz, você evitará mal-entendidos e a divulgação de informações, ideias, sentimentos ou instruções inconsistentes ou pouco claras. Você se tornará mais eficiente em sua carreira e construirá relacionamentos mais sólidos com colegas e clientes.

1.1

Assuma a responsabilidade

Sim, parece um conselho óbvio, mas a maioria de nós abre a boca e fala sem pensar. No entanto, seja quando está falando ou apenas parado, de pé, você está se comunicando. Portanto, assuma a responsabilidade. Tudo o que você diz e faz transmite uma mensagem sobre como você vê a si mesmo e o seu trabalho.

Diz-se que:

"Ouvimos metade do que é dito, prestamos atenção em metade disso, compreendemos somente metade, acreditamos na metade dessa metade e retemos apenas metade dessa parcela." **(Anônimo)**

Presencialmente ou por telefone, ganha-se ou perde-se um negócio por meio da comunicação. Se você não se comunicar bem com o cliente ou com seu chefe, poderá perder uma oportunidade ou uma promoção. A verdadeira comunicação é a mensagem que a outra pessoa apreende. Siga estas dicas para ter certeza de que terá controle sobre sua mensagem:

> **Minuto de reflexão** – Uma das primeiras atitudes que você pode adotar para melhorar a comunicação é torná-la de mão dupla. Por vezes, é necessário que você contenha a vontade de falar aos outros sobre todas as coisas interessantes que sabe e passe a ouvir um pouco mais.

- **Use os ouvidos.** Lembre-se: comunicação não são dois monólogos. Ao conversar com alguém, procure ouvir também.
- **Não tenha pressa.** Faça pausas, pergunte, negocie, convença, respeite o ponto de vista do outro.
- **Esteja em sintonia.** Bons comunicadores são bastante flexíveis. Eles acompanham a reação do interlocutor e adequam sua mensagem conforme o entendimento e a formação da outra pessoa.
- **Tenha foco.** Tenha um motivo para se comunicar. Não abra a boca simplesmente. Que resultados você espera de sua comunicação? Se você sabe o que quer, provavelmente se concentrará em como se comunicar.
- **Atente aos meios.** Nos negócios, como você se comunica é tão importante quanto o que você comunica.
- **Defina sua abordagem.** Sua mensagem será mais eficaz se você falar frente a frente, fizer uma reunião ou escrever um e-mail?
- **Pense antes de falar.** As pessoas que pensam bastante no que vão dizer são raras nos negócios. Muitas pessoas falam para formar pensamentos; elas fazem bastante barulho, mas sem muita objetividade.
- **Desenvolva a curiosidade natural.** Bons comunicadores têm real interesse tanto em ouvir como em falar. Eles querem adquirir novos conhecimentos e desejam ouvir o que os outros têm a dizer.

Assuma a responsabilidade pela mensagem que você transmite e pela maneira como a transmite.

1.2

Fique atento aos fatos

Um dos riscos nas conversas profissionais é o de cair no hábito de declarar "fatos" e mais "fatos", de modo assertivo, quando, na verdade, as afirmações são apenas meras opiniões. Para que se evitem os mal-entendidos e a comunicação seja clara, procure distinguir os fatos das opiniões e asserções.

Ao falar, são poucas as maneiras pelas quais podemos dizer algo: ou fazemos perguntas, ou declaramos fatos, ou emitimos opiniões. Para se comunicar bem nos negócios, você precisa perceber quando deve ser gentil, quando deve ser contundente e quando deve ser inquisitivo e instigante.

Em geral, as pessoas declaram fatos e emitem opiniões quando deveriam extrair informações por meio de perguntas sutis. Portanto, sejamos claros: um fato é algo específico que você pode provar com evidências.

- **Fato.** "A economia cresceu 10% ao ano."
- **Opinião.** "Estou sempre certo e você está sempre errado."

> **Minuto de reflexão** – Para passar confiabilidade em sua fala, preste atenção ao tom. Perguntas, declarações e ordens têm entonação própria. Evite fazer declarações elevando a voz no final da frase, pois isso soará como pergunta ou como incerteza. As declarações parecerão firmes quando você usar uma voz nivelada ou que caia no final da frase.

A primeira declaração é um fato e pode ser comprovada com evidências. A segunda declaração, por outro lado, não é um fato; é uma opinião. É importante que você não confunda fatos com opiniões, seja você um gerente, um empregado ou quando estiver efetuando uma venda ou negociando. Se você der uma opinião, sempre deixe isso claro, dizendo algo como: "em minha opinião..." ou "a meu ver...", para apresentar a fala. Isso permite que as outras pessoas expressem pontos de vista diferentes do seu e possibilita a oportunidade de discussão.

A forma mais pobre de comunicação é o uso excessivo de asserções, já que a asserção é uma opinião que pretende ser um fato. Como elas não são precedidas de nenhuma indicação de que sejam opiniões, o interlocutor é levado a aceitá-las como verdade, mesmo que não haja evidências para apoiá-las.

Maus comunicadores usam asserções a fim de evitar o debate e a discussão. Eles fecham qualquer possibilidade de as outras pessoas manifestarem uma opinião. Gerentes que fazem asserções o tempo todo logo se veem cercados por aquelas pessoas que só dizem "sim" – consequentemente eles nunca sabem exatamente o que está acontecendo em sua empresa.

Distinga fatos de opiniões nas conversas, deixando claro quando se trata de um ponto de vista.

1.3

Ouça ativamente

Saber escutar é uma habilidade essencial para a boa comunicação pessoal e ajuda a construir relacionamentos profissionais, seja em uma equipe de trabalho ou na negociação com um cliente. A maioria das pessoas acha que escuta, mas se você as observar atentamente verá que elas estão simplesmente elaborando o que irão falar na próxima oportunidade que tiverem na conversa.

Muitas pessoas "ouvem" com a boca, em vez de com as orelhas. Elas não estão realmente escutando. Estão simplesmente procurando uma chance de falar, de modo que possam tomar o controle da conversação. Isso é chamado de "escuta seletiva".

Por que isso ocorre? Provavelmente, essas pessoas acreditam que têm coisas mais interessantes, inteligentes ou relevantes a dizer do que teriam os seus interlocutores. Estão editando ou criticando mentalmente o que as outras pessoas estão dizendo e antecipando o desenrolar da conversa.

Por outro lado, quando você ouve ativamente, não tenta tirar conclusões sobre o que a outra pessoa está dizendo, mas procura observar as coisas do ponto de vista do outro. Ouvir efetivamente não é um ato passivo. Requer foco e energia, e o resultado é uma comunicação muito melhor. Eis algumas dicas para você passar a ouvir ativamente:

"O silêncio é fonte de grande força."
Lao-tsé, sábio chinês

1 **Use a linguagem corporal.** Ao ouvir ativamente, você mostra ao interlocutor, por meio da fala e da linguagem corporal, que está escutando. Use o contato visual e expressões faciais e gestos que demonstrem que você está ouvindo atentamente.

2 **Demonstre curiosidade.** Não antecipe o que as pessoas querem dizer. Demonstre interesse. Que resultados elas desejam? Quais são as motivações delas? Qual é a razão real de elas estarem conversando com você?

3 **Resuma.** Repita o que você entendeu da fala de seu interlocutor. Por exemplo: "O que você disse foi que..." Isso dá ao interlocutor a oportunidade de esclarecer algum ponto mal entendido.

4 **Esclareça qualquer termo abstrato ou confuso durante a conversa.** Isso ajuda o interlocutor a identificar alguma falha na informação que está lhe passando. Você pode dizer: "É isso o que você quer dizer? Está correto?"

5 **Fique em silêncio quando necessário.** O silêncio é uma parte importante do ato de escutar. O silêncio na conversação dá ao interlocutor o tempo para explorar e expressar seus pensamentos por completo.

Ouça ativamente e preste atenção na mensagem do interlocutor, sem procurar antecipar a conversa.

1.4
Faça perguntas eficazes

Não são todas as pessoas que fazem perguntas eficazes. Perguntas precisas permitem que você: entenda os problemas de uma equipe ou no relacionamento com o cliente; descubra o que não está evidente; evite situações problemáticas antes que elas surjam; obtenha a cooperação das pessoas; descubra informações importantes; convença as pessoas a ajudar e apoiar suas iniciativas.

Se você quer melhorar sua comunicação em qualquer situação profissional, aprenda a fazer boas perguntas. Você pode se tornar muito mais eficaz em diversas situações, se fizer as perguntas certas. Isso é particularmente útil em situações desafiadoras, como quando algum erro foi cometido ou quando você deseja convencer outras pessoas acerca de uma ideia ou proposta.

Boas perguntas são geralmente abertas, estimulantes e investigativas, ou seja, não podem ser respondidas simplesmente com "sim" ou "não".

Perguntas do tipo "o quê?" e "como?" instigam o interlocutor e o torna mais propenso a expressar suas opiniões reais. Eis alguns exemplos que você poderá usar com frequência:

"Perguntas eficazes trazem percepções, que alimentam a curiosidade, que cultivam a compreensão."
Chip Bell, escritor americano

- **Perguntas investigativas.** Buscam informações adicionais do interlocutor: "O que você quis dizer com...?"; "Fale-me mais sobre..."; "O que mais, além disso?"
- **Perguntas exploratórias.** Permitem que o tema da conversa seja abordado de diferentes maneiras: "Poderia explicar melhor?"; "Quais são as possibilidades aqui?"; "Quais são as oportunidades que se apresentam?"
- **Identificando um problema.** "Qual seria a dificuldade?"; "O que o impede de...?"; "Qual seria o principal obstáculo?"; "O que mais o preocupa?"; "Qual sua impressão sobre...?"
- **Perguntas sobre as expectativas.** "Quais resultados você deseja?"; "Se obtiver esse resultado, como isso o afetará?"; "Quais outros fatores você precisaria considerar?"
- **Esclarecimentos.** "O que você quis dizer com..."; "Poderia explicar melhor?"; "Poderia dar um exemplo?"
- **Ação.** "O que você vai fazer?"; "Quando fará?"; "Como saberei que você fez?"; "Quais são os próximos passos?"
- **Receptividade às ideias.** "Como vê o assunto?"; "Que vantagens você acha que terá com isso?"; "Isso resolve a questão?"

Saber fazer perguntas eficazes e saber ouvir ativamente formam o conjunto fundamental das habilidades da comunicação pessoal nos negócios.

1.5

Ministre as informações adequadamente

Pense nas pessoas com quem você trabalha. Provavelmente, encontrará dois tipos: os de visão geral e os detalhistas. As pessoas de visão geral preferem poucos detalhes. Os detalhistas não gostam de discutir conceitos abstratos. Cada tipo efetivamente levará em conta o que você falou, se você comunicar a quantidade certa de detalhes.

Isso ocorre porque os dois tipos de pessoas processam as informações de maneira diferente. É importante conhecer e identificar essa diferença, se você pretende convencer as pessoas com a sua comunicação.

Assim, observe sinais de quanto de detalhes ou de informações abstratas a pessoa parece ser capaz de processar e reaja de modo flexível na sua comunicação.

■ **Pessoas de visão geral.** Outra expressão para pessoas de visão geral é "pensadores globais". Ao conversar com um pensador global, não dê inúmeras informações detalhadas e concentre-se na visão geral. Se você se prender muito aos detalhes, essas pessoas ficarão rapidamente entediadas ou "sobrecarregadas" e não conseguirão entendê-lo, nem serão convencidas. A melhor coisa a dizer a um pensador global

> **Minuto de reflexão** – A flexibilidade na comunicação faz uma enorme diferença na sua eficácia. Você conhece o nível de detalhamento que costuma passar na comunicação? Conhecendo seus próprios hábitos, você poderá desafiar a si mesmo para se tornar mais flexível em suas conversas.

é: "Eis a visão geral..." Mantenha-se abstrato e não dê muitos detalhes. Se você precisar oferecer informações detalhadas, dê primeiro a visão geral: "Eis a visão geral... Agora, vou dar alguns detalhes."

■ **Pessoas detalhistas.** As pessoas detalhistas, por outro lado, querem os detalhes primeiro, antes de entender a ideia geral que você tem a passar. Elas não conseguirão entender se você for muito conceitual. Diga a elas: "Eis aqui os detalhes." Seja específico e não use abstrações. Se você quiser que elas se concentrem nos detalhes, mas também apreendam a visão geral, ofereça-lhes os dois: "Eis aqui os detalhes... E eis aqui a visão geral."

Observe o tipo de abordagem que os membros da equipe e os clientes preferem, assim você terá um controle muito maior da comunicação.

Descubra se a equipe é formada por comunicadores de visão geral ou detalhistas.

1.6

Escolha as palavras

Há outra diferença importante entre as pessoas à qual devemos ficar atentos. Trata-se do que, às vezes, é chamado de tipo de linguagem preferida. Na linguagem cotidiana, geralmente usamos palavras associadas com os sentidos: visão, audição, tato. Isso tem a ver com a maneira como processamos as informações. Se você se comunicar de acordo com a opção preferida do interlocutor, ele ficará mais aberto ao que você disser.

Pessoas que usam muitas palavras associadas com a visão entenderão melhor se você usar palavras semelhantes na conversa com elas. Isso também se aplica aos outros sentidos, como a audição e o tato.

■ **Visuais.** Eis alguns exemplos dos tipos de frases que você pode usar, quando se comunica com uma pessoa associada ao sentido da visão: "Tenho a impressão de que..."; "Sob essa perspectiva..."; "Em vista disso..."; "Nesse mesmo ponto de vista..."; "Noção indistinta..."; "Visão imprecisa..."; "À luz disso..."; "Imagem mental..."; "Pintando um cenário..."; "Parece que..."; "Visão limitada..."; "Claro como um belo dia..."

■ **Auditivos.** Outras pessoas usam palavras associadas com o sentido da audição e do som. Use estes tipos de frases para se "sintonizar" com elas: "Expresso com clareza..."; "Uma algazarra..."; "Em alto e

> **"A mais básica das necessidades humanas é a necessidade de entender e ser entendido. A melhor maneira de entender as pessoas é ouvi-las."**
>
> **Ralph Nichols, consultor empresarial**

bom som..."; "Com a língua presa..."; "Discurso vibrante..."; "Soa-me bem..."; "Expressou sonoramente..."; "Para dizer a verdade..."; "Falando claramente..."; "Bem ou mal sintonizado..."; "Verbalizou sua opinião..."

■ **Cinestésicos.** Por fim, algumas pessoas preferem palavras associadas ao tato, conhecido como sentido cinestésico: "Atracar-se..."; "Em bases sólidas..."; "Fique 'frio'..."; "Dar uma mãozinha..."; "Pegar a ideia..."; "Estar em contato com..."; "Atacar o problema..."; "Dominar o assunto..."

Pode demorar um pouco, mas, se você ficar atento às diferentes maneiras como as pessoas falam, começará a perceber que elas usam uma variedade de palavras relacionadas a um sentido específico. Ao identificar como as pessoas se expressam, você poderá adaptar sua linguagem adequadamente. Desse modo, desenvolverá a flexibilidade em sua comunicação. Você também pode praticar por meio de leituras. Observe como diferentes escritores são mais visuais, auditivos ou cinestésicos em seu estilo de redação.

O sentido que a pessoa escolhe tem relação com a maneira como ela processa os pensamentos; portanto, trata-se de uma importante parte da comunicação pessoal a ser observada.

Escolha as palavras adequadamente, de acordo com quem você está se comunicando.

Capítulo 2

Noções básicas sobre o corpo

Em uma conversa, as pessoas tendem a prestar atenção somente às palavras que usam. Contudo, a comunicação acontece em vários níveis – alguns, conscientes; outros, inconscientes. Ao entender a própria linguagem corporal, você demonstrará presença profissional mais decidida e passará uma impressão favorável em cada reunião com colegas ou com clientes. E observar a linguagem corporal das outras pessoas fará com que você entenda a dinâmica sutil e os níveis mais profundos da comunicação pessoal.

Sobressaia-se ao primeiro olhar

– Pode confiar! – diz aquele vendedor que você está vendo pela primeira vez. Mas algo nele parece enganoso. Quanto tempo levará para que essa primeira impressão seja superada? Nossas primeiras impressões são formadas em menos de 10 segundos e é difícil mudá-las. Por isso, você tem que estar seguro de que vai passar uma primeira impressão positiva.

Não são somente as palavras que causam uma impressão quando você conhece alguém, mas também a linguagem corporal. Seja falando com alguém ao telefone, apresentando-se frente a frente ou simplesmente entrando em uma sala e observando o ambiente sem falar, seu corpo expressa até mais do que as palavras que saem da sua boca.

Minuto de reflexão – Pratique a autoconfiança em suas falas. Diga algo sério com uma voz estridente e notará que não só as palavras sairão enfraquecidas, mas também que você terá que mudar sua respiração ao falar. Agora, respire fundo e observe como a voz ganha impostação.

O professor de psicologia Albert Mehrabian descreveu na década de 70 o modelo de comunicação pessoal mais usado hoje:

- **55% da comunicação pessoal** está relacionada com a maneira como você se posiciona de pé ou como se senta, seus gestos e expressões faciais. Alguns aspectos dessa linguagem corporal são bem óbvios, enquanto outros são percebidos inconscientemente.
- **7-10% da comunicação pessoal** relaciona-se com as palavras que você usa.
- **35-38% da comunicação pessoal** refere-se à maneira como você fala: o volume da fala, o sotaque e a altura do tom da voz.

É claro, se você está falando ao telefone, só tem sua voz para ser trabalhada. Ainda assim, observe a posição de seu corpo (seja em pé ou sentado) e como você está respirando, já que esses aspectos afetarão a voz.

Então, o que aconteceu com aquele vendedor pouco confiável e enganoso que você viu pela primeira vez? Provavelmente, ele falava as palavras certas, porém pensava em algo diferente. Isso era mostrado – ou transparecia – por meio da linguagem corporal.

Fique atento ao que você fala, mas também acredite no que você está dizendo. Caso contrário, seus ouvintes captarão imediatamente que algo não está bem certo. Necessariamente, eles não saberão identificar o que está errado, mas, intuitivamente, perceberão que não se sentem confortáveis diante de você, o que não será fator positivo para os negócios.

Observe o que você expressa com seu corpo; a linguagem corporal fala mais do que as palavras.

2.2

Fique atento ao espaço individual

Você já teve que se afastar de um colega ou de um cliente porque era como se ele estivesse invadindo seu espaço individual? É uma sensação extremamente desconfortável e, se a pessoa insiste, nos sentimos bastante incomodados com isso, sendo pouco provável que queiramos tê-la como parceira de negócios.

Nosso espaço individual é composto de várias zonas invisíveis ao nosso redor. Se alguém invade essas zonas, começamos a nos sentir desconfortáveis. Permitimos que um ente querido ou parente próximo se aproxime de nós, mas um estranho ou um colega de trabalho não pode chegar tão perto.

A zona invisível mais próxima (45 cm a nosso redor) é chamada de zona pessoal e é reservada para pessoas com quem temos intimidade para tocá-las e para que nos toquem. Se um estranho avança sobre esse espaço íntimo, é como se um alarme soasse imediatamente. Você perceberá a invasão e desejará se afastar. Cerca de 30% das pessoas se afastarão, em menos de um minuto, de alguém que tenha invadido seu espaço.

A necessidade de espaços individuais varia de cultura para cultura. Assim, é muito importante atentar para isso, em especial se você estiver fazendo negócios internacionais.

> **"O cérebro emocional responde a um evento mais rapidamente que o cérebro racional."**
>
> **Daniel Goleman, autor americano**

Há também diferenças entre as pessoas das cidades grandes e as do interior, em termos de quanto de espaço elas precisam a seu redor. Isso significa que você deve atentar não só às pessoas em seu espaço, mas também a até que ponto você pode estar inconscientemente se tornando um "invasor" do espaço alheio.

Para evitar se tornar um "invasor", siga estas dicas simples:

1 Preste atenção à linguagem corporal da outra pessoa em qualquer situação profissional, particularmente em negócios internacionais. Avalie a que distância a pessoa geralmente se coloca.

2 Se alguém começar a se afastar de você durante uma conversa, não o "persiga". Permita que ele mantenha certa distância.

3 Se a pessoa ficar confortável em sua companhia, ela diminuirá um pouco a distância ou, pelo menos, você perceberá uma linguagem corporal mais relaxada. Provavelmente, você também sentirá a diferença, já que a atmosfera ficará mais cordial e haverá mais afinidade.

Esteja atento às zonas invisíveis de espaço individual e evite tornar-se um "alienígena".

2.3

Pratique o aperto de mão

Por que os apertos de mão são tão importantes nos negócios? Esse cumprimento representa uma das poucas vezes em que permitimos que um estranho se aproxime tanto de nós e entre na nossa zona individual invisível. Tocar alguém é uma interação tão pessoal que, quando alguém nos toca, formamos uma impressão imediata dessa pessoa.

Um aperto de mão é uma coisa aparentemente simples. Afinal, o que estamos fazendo? Simplesmente, estendemos a nossa mão direita e apertamos a mão direita da outra pessoa. Entretanto, há muitas variações, em parte por particularidades individuais, mas também em razão de costumes culturais.

Um aperto de mão firme passa impressão totalmente diferente daquela de um aperto de mão leve. Se for firme demais, parecerá que você está tentando controlar a outra pessoa; leve demais, e o cumprimento se tornará aquele desagradável aperto de mão "mole" – uma mão frouxa que denota falta de confiança e que é muito desconfortável para a outra pessoa.

Eis algumas dicas para um aperto de mão perfeito, que fará com que você transmita profissionalismo e competência.

Minuto de reflexão – A ansiedade aparece nas mãos: elas ficam frias e úmidas, o que é muito desagradável para a pessoa que cumprimentamos. Por outro lado, mãos aquecidas levam-nos a assumir que a pessoa é receptiva e confiável. Assim, sorria e esteja relaxado durante o aperto de mão, a outra pessoa sentirá isso no cumprimento.

■ **Atenção ao aperto em si.** O ideal é que ele seja forte e firme, e não um aperto muito suave, com a ponta dos dedos apenas tocando a mão da outra pessoa. O toque suave com a ponta dos dedos pode passar a impressão de falta de confiança. No cumprimento profissionalmente perfeito, as mãos tocam-se de maneira franca. A pressão é firme, nem muito forte, nem muito leve. Transmite segurança e autoconfiança, seja você um homem ou uma mulher.

■ **Seja simples.** Algumas pessoas lhe darão tapinhas no ombro ou tocarão seu cotovelo ou punho, enquanto apertam sua mão. Outras colocarão a mão sobre a sua. Cuidado com tais gestos ou artificialidades, já que isso pode ser interpretado como sinais de excesso de intimidade ou de controle.

■ **Evite a pressa.** Segure firmemente a mão da outra pessoa e balance-a umas três vezes. Um movimento apenas, e você parecerá hesitante. Use o tempo e preste atenção à pessoa no momento do cumprimento. Você passará uma primeira impressão bem mais positiva.

■ **Conheça os costumes locais.** O aperto de mão é utilizado em muitas culturas. Contudo, se você estiver fazendo algum negócio internacional, é importante conhecer as variações ou alternativas, como, por exemplo, inclinar-se ou juntar as mãos em posição de prece, o que é usado em alguns lugares da Ásia.

Pratique um aperto de mão franco e firme, balançando a mão da outra pessoa três vezes.

2.4

Use o contato visual cuidadosamente

O que acontece quando você olha para alguém e a pessoa desvia o olhar ou não olha para você diretamente? Provavelmente, você fica um pouco desconfiado dessa pessoa. O contato visual direto, por outro lado, pode passar mais confiança. Use adequadamente o contato visual, mesmo que isso não seja natural para você.

A chave para o contato visual é estar atento ao interlocutor. Nas relações profissionais do mundo ocidental, olhar diretamente nos olhos da outra pessoa é interpretado de modo positivo, pois os olhos são como "as janelas da alma". O contato visual direto equivale a ser honesto e confiável. De fato, o contato visual é tão importante no Ocidente que a expressão "não olhar nos olhos" implica que a pessoa pode ser ardilosa. Entretanto, não é assim em todas as culturas e, mesmo no Ocidente, o contato visual demorado pode ser desconcertante.

Em uma conversa que esteja fluindo naturalmente, tendemos a olhar mais para a outra pessoa quando estamos ouvindo do que

---

Estudo de caso — Um passeio ao zoológico pode ser surpreendentemente instrutivo para aprendermos sobre contato visual. Um macaco que olha diretamente para outro, por exemplo, demonstra ser o animal dominante. Os humanos não são diferentes. Se você mantiver o olhar direto para uma pessoa,

quando estamos falando. Homens e mulheres com status, poder ou especialidade específicos em seus campos de negócio tendem a olhar mais quando estão falando. Particularmente, as mulheres têm necessidade de estar atentas ao contato visual. Pesquisas mostram que, fora do ambiente profissional, uma mulher geralmente olha para o homem quando este não a está olhando, mas desvia o olhar quando o homem a olha diretamente. Em muitas culturas, isso é interpretado como submissão.

Dicas para usar o contato visual para transmitir confiança:

■ **Adote uma personalidade profissional.** Se baixar os olhos modestamente é um hábito natural para você, pode ser que profissionalmente você esteja passando sinais de submissão ou de posição inferior em relação à que realmente ocupa. Avalie seus hábitos e esteja atento a eles. Se necessário, aprenda a "atuar" de forma diferente no ambiente profissional.

■ **Ao falar, olhe para os interlocutores.** Se deseja ter maior controle em uma apresentação profissional, adote o hábito de olhar diretamente para a plateia quando estiver falando. Isso passa um ar de força e confiança.

Use o contato visual direto, mas cuidado para não parecer controlador demais.

esta começará a se sentir como se você estivesse querendo controlá-la. Isso forçará uma "guerra de olhares" entre vocês ou a pessoa desviará o olhar em um gesto de submissão. Essas formas sutis de comunicação por contato visual no zoológico refletem-se diariamente no mundo profissional.

2.5

Demonstre cordialidade

Sempre que você conversa com alguém, sua linguagem corporal dirá: "Bem-vindo, estou disposto a conhecê-lo e a trocar ideias com você" ou dirá: "Estou fechado. Não quero ouvi-lo. Vá embora." Mesmo sem falar, expressamos esses sinais de boas-vindas ou de indisposição. A maneira como você se sente é demonstrada claramente em sua postura, gestos e expressões faciais.

Sinais de abertura para a comunicação

- **Postura receptiva.** Descruzar pernas e braços e estar de frente para a outra pessoa demonstram que você está interessado em conversar ou em ouvir. Combine esses sinais com um bom contato visual para ter uma excelente comunicação pessoal.
- **Expressão amigável.** Geralmente, quando sua linguagem corporal está receptiva, você não está com as defesas erguidas, já que decidiu que está na presença de um "amigo". Seus ombros estarão relaxados e você estará sorrindo ou certamente com uma expressão calma no rosto.
- **Inclinação para a frente.** Quando alguém exibe linguagem corporal aberta e se inclina para a frente para ouvir, essa pessoa está interessada e receptiva ao que você está dizendo. Se você está tentando vender algo, é um bom momento para fechar o negócio.
- **Resposta e interação.** Quando alguém se encontra com você, a pessoa "lê" somente pelo seu corpo se você está alegre em se encontrar com ela ou interessada em aprender algo novo. É justamente isso o que

> **Minuto de reflexão** – Sempre que possível, esteja "aberto aos negócios", mantendo uma atitude verdadeiramente engajada. Nossas atitudes são contagiantes. Assim, se você estiver alegre, interessado e relaxado, expressará uma linguagem corporal receptiva, e isso afetará as pessoas ao seu redor.

você quer: é o que ajuda a fazer bons negócios, fechar vendas ou motivar uma equipe de empregados.

Sinais de indisposição para a comunicação

Aborrecimento, antipatia e atitude defensiva são exibidos na linguagem corporal fechada. Se você estiver conversando com um grupo de pessoas e elas se sentirem aborrecidas, você perceberá a indisposição por meio dos sinais da linguagem corporal.

■ **Pernas e braços cruzados.** É uma indicação de que as coisas não estão indo bem; são sinais de indiferença. Evitar o contato visual também é outro sinal de que a pessoa pode estar se sentindo desconfortável com você ou desinteressada no que você tem a dizer.

■ **Inclinação para trás.** Se a pessoa se inclina para trás, mas parece relaxada, ela pode estar ouvindo passivamente. Nesse caso, você deve oferecer-lhe espaço para pensar ou talvez engajá-la mais ativamente na conversa. Se ela expressa uma linguagem corporal fechada e está mexendo nervosamente em alguma coisa ou tem seus pés voltados para a porta, ela desistiu da conversa e está com a mente em outro lugar. Você precisará agir rapidamente para recuperar o interesse dela.

Conheça seus sinais de linguagem corporal receptiva ou fechada.

2.6

Seja autoconfiante

Ser capaz de expressar segurança e autoconfiança de maneira adequada pode ser muito importante profissionalmente. Por exemplo, você desejará parecer autoconfiante quando fizer uma apresentação a um cliente ou aos colegas. A linguagem corporal desempenha um papel fundamental no quanto de autoconfiança você transmite.

Em primeiro lugar, relaxe. Ombros e expressões faciais relaxadas demonstram que você está confiante e no controle de suas emoções. Eles dizem: "Não me sinto ameaçado por nada nem por ninguém." Relaxe e, mesmo que você não esteja confiante no começo, passará a se sentir mais seguro e as pessoas responderão de acordo.

Em seguida, atente a estes detalhes:

■ **Postura.** A postura transmite muita autoconfiança. Pessoas seguras posicionam-se de maneira firme, sentadas ou em pé, com as costas retas. Isso lhes confere uma aparência jovial e de muita energia.

Estudo de caso – Eu tive uma colega chamada Wenda, que, embora muito competente em seu trabalho, não conseguia evitar gestos que eram percebidos como de subordinação. Alta e um pouco tímida, ela abaixava automaticamente a cabeça durante uma conversa, mesmo com colegas de mesma posição hierár-

■ **Altura.** Sim, ela é importante. Inconscientemente, a altura e o tamanho equivalem a autoconfiança. Se você é uma pessoa baixa e magra, e deseja parecer mais seguro, deve recorrer à postura e a alguns acessórios. Fique de pé ou use saltos altos. Eles farão diferença. Mantenha a postura reta, com a cabeça erguida. Você pode criar uma altura relativa ficando de pé enquanto alguém está sentado. A prova do quanto isso é importante pode ser vista nas eleições presidenciais dos Estados Unidos, em que o princípio básico é o de que o candidato mais alto é o que vence a eleição. A razão disso é que inconscientemente equiparamos altura com importância: as grandes são mais importantes que as pequenas.

■ **Espaço.** Uma pessoa autoconfiante "domina" mais território que uma pessoa menos segura. Ela consegue criar mais espaço afastando sua cadeira da mesa ou simplesmente colocando suas mãos na cintura, quando de pé, como quem diz: "Este pequeno espaço extra me pertence."

■ **Posição.** De pé, com as pernas afastadas, ocupando mais espaço, você demonstra que "está firme em sua posição". Ou sentando-se com as pernas abertas de frente para o encosto da cadeira.

Mantenha a postura reta e descontraída e você irradiará imediatamente um ar positivo de autoconfiança.

---

quica ou inferior. Isso indicava que ela não tinha autoconfiança, portanto não era reconhecida como deveria ser. Ela superou esse obstáculo exercitando constantemente uma aparência de altivez e segurança, até que isso se tornou bem natural em seu comportamento.

2.7

Seja culturalmente correto

É bastante provável que, neste mundo globalizado, você venha a se relacionar profissionalmente com clientes e colegas de outras culturas, mesmo que não viaje a negócios. Você espera que as outras culturas se adaptem aos seus costumes? Você será mais eficaz se for flexível para adotar os costumes dos outros também.

Usamos gestos para passar instruções (como apontar uma direção), mas também para ameaçar. Nos negócios, podemos usar um gesto para ilustrar a mensagem que estamos passando na conversa ou em uma apresentação comercial. Os gestos variam muito de uma cultura para outra. Embora o básico da linguagem corporal seja semelhante, em todo o mundo as pessoas usam as mãos e o corpo para comunicar diferentes mensagens. Eis alguns exemplos de gestos que variam entre culturas:

- **Acenos.** Nos países asiáticos, o aceno é feito com a palma da mão para baixo. Evite apontar com os dedos. Nos países ocidentais, a palma é voltada para cima.
- **Sorrisos.** Nem sempre equivalem à alegria. Podem estar ocultando vergonha, revolta, tristeza ou sentimentos de culpa.

Minuto de reflexão – Quando for a um país pela primeira vez, aprenda o significado dos diferentes gestos. Gestos com as mãos são muito específicos culturalmente. Um gesto neutro em um país pode ser muito rude em outro. Assim, para não causar constrangimentos, reserve algum tempo para dar uma olhada em um guia e obter dicas do que é aceitável ou não no país que você está visitando.

- **Boca aberta.** Em algumas culturas, pode ser considerado rude não cobrir a boca ao bocejar. Em outras, rir sem colocar a mão diante da boca não é aceitável.
- **Pernas cruzadas.** Se estiver viajando a negócios, observe como o anfitrião se comporta. Cruzar as pernas nos tornozelos pode ser mais adequado do que cruzá-las na altura dos joelhos.
- **Toques.** No Ocidente, tornou-se mais aceitável beijar ou tocar o braço ao cumprimentar pessoas próximas. Entretanto, o contato físico não é aceitável em muitas culturas.

O segredo na aldeia global é estar atento. Observe os gestos que você não reconhece. Se estiver em dúvida sobre o que significam, não os ignore nem os imite. Sempre pergunte antes.

Os gestos podem ter diferentes significados entre as culturas. Em caso de dúvida, descubra o significado primeiro.

Capítulo 3
Comunicação em equipes

Qualquer que seja o seu negócio, é bem provável que você precisará trabalhar em equipe em algum momento. A comunicação dentro de uma equipe pode funcionar como um motivador fundamental ou como um desmotivador. A boa comunicação pode fazer com que a equipe fique mais unida e se fortaleça. A má comunicação leva à falta de confiança, aos mal-entendidos e conflitos. Neste capítulo, você conhecerá alguns dos segredos por trás da comunicação eficaz em equipes: como impactar positivamente a equipe e a empresa como um todo.

3.1

Fique atento à dinâmica

Em toda equipe, há certa dinâmica. Há pessoas que se relacionam bem entre si, outras não se entendem; há os líderes e os seguidores. Fique atento à dinâmica para formar uma equipe alegre ou para influenciar seus colegas.

Muito da dinâmica em uma equipe é inconsciente. Qualquer que seja o título e o cargo que a empresa lhe concedeu e a seus colegas, a verdadeira hierarquia é decidida pelo poder.

Portanto, quem são os líderes e os seguidores em sua empresa? Em sua pequena equipe? Há disputas de poder? E quanto a você? Quanto poder ou influência você tem?

A linguagem corporal permite que você saiba o que está realmente acontecendo. Uma vez conhecendo a hierarquia inconsciente, você saberá quem é importante. Eis alguns dos grupos de movimentos

Minuto de reflexão – Quando você notar alguém fazendo jogos de poder por meio de linguagem corporal de dominação, tome cuidado ao desafiar o território dele. É provável que você se depare com forte resistência. Sempre crie afinidade primeiro e conquiste o apoio dessa pessoa, de modo que ela permita que você avance no território dela e relaxe.

secretos que você pode observar para saber quem é que manda em sua equipe:

- **Maneiras descontraídas.** Pessoas dominantes relaxam, porque estão no controle. Observe o colega que está com os pés sobre a mesa enquanto conversa com você. Ele acha que domina esse território.
- **Abordagem informal.** O mesmo se dá se ele está sentado com a cadeira inclinada contra a parede e com as mãos cruzadas atrás da cabeça.
- **Posição invertida da cadeira.** Nessa posição, sentado com as pernas escanchadas e com o encosto da cadeira voltado para a frente, a pessoa se revela. A postura demonstra que ela "possui" o espaço em torno da cadeira e que está afirmando seu poder (veja o Segredo 2.6).

Agora, como são os relacionamentos dentro da equipe?

- **Imitação.** Observe se os colegas copiam seus gestos e postura. Se o fazem, há *rapport* entre vocês.
- **Intimidade.** Pessoas com bom relacionamento entre si demonstram bom contato visual, sorriem bastante e tendem a estar de frente uma para a outra quando conversam. Costumam aproximar-se e sentar-se perto umas das outras.

Se um membro da equipe não demonstra *rapport*, desvia o olhar e costuma se afastar dos outros, ele não está em harmonia com o grupo ou não se sente próximo das pessoas.

Observe nos colegas os sinais da linguagem corporal dominante para descobrir quem tem poder.

3.2

Crie um ambiente de confiança

Praticamente todo mundo gosta de saber algo que acha que os outros não sabem. Quando você compartilha um segredo com alguém, isso faz com que a pessoa se sinta mais próxima de você. Cria-se bastante confiança mútua. Se você pretende compartilhar algo tão importante e íntimo, a pessoa considera que você realmente confia nela.

Compartilhar segredos é uma excelente maneira de criar um sentimento de proximidade, e isso funciona tanto na vida profissional como na vida pessoal. Você transmite um sentimento de confiança para a outra pessoa e, mais ainda, começa a receber o mesmo sentimento.

As vantagens de compartilhar segredos para desenvolver melhores linhas de comunicação no ambiente profissional são simples:

■ **Se você for confidente das pessoas, elas provavelmente serão suas confidentes.** Isso leva a uma comunicação pessoal mais franca e a um "sentimento de equipe", já que os membros

> **Minuto de reflexão** – Eis como iniciar: "Confidencialmente, queria lhe contar que..."; "Ninguém sabe disso e quero contar a você..."; "Eu não deveria estar contando isso, porque ainda não é público..."; "Prometa-me que não dirá a ninguém..."

"Os segredos são coisas que damos aos outros para que guardem por nós."

Elbert Hubbard, escritor e editor americano do século 19

da equipe começam a tirar as "máscaras" que todos usamos, em maior ou menor extensão, diante de uma situação profissional.

■ **Compartilhar segredos permite que você conheça melhor as pessoas.** Trata-se também de uma excelente ferramenta para influenciar e persuadir as outras pessoas. Quanto mais você sabe sobre os desejos e necessidades das pessoas, mais pode ajudá-las a obter o que querem. Assim, além de compartilhar segredos com os colegas, você pode criar um sentimento de proximidade entre você e seus clientes. É a lei básica da amizade. Se você acha que uma pessoa tem bom caráter e ela lhe pede que faça alguma coisa, é provável que você deseje atender ao pedido.

É claro que não estou dizendo que você deva contar a todas as pessoas os seus segredos mais íntimos e profundos ou qualquer coisa que seja antiético em uma situação profissional, mas transmita o sentimento de que você está passando informações exclusivas.

Compartilhe confidências para criar confiança mútua em sua equipe e para fortalecer os laços de comunicação entre os membros.

3.3

Demonstre gratidão

"Obrigado" é uma coisa simples de dizer, mas com que frequência você, seja como chefe ou como colega, se lembra de expressar gratidão? A regra em muitas empresas é criticar e apontar as falhas e, em geral, os gerentes e colegas não reservam tempo para dizer o que está funcionando bem na equipe.

Não importa a sua função na equipe. Seja você a pessoa no comando ou aquele no menor nível hierárquico, pode melhorar a comunicação na equipe demonstrando gratidão a alguém que o ajudou em algo. Sempre que dirigir a atenção aos outros, em vez de a si mesmo, e elogiar o que foi benfeito, você ajudará a construir um espírito de equipe positivo.

Pesquisas em escolas mostram que os professores que têm grande poder de influência sobre os estudantes são aqueles que elogiam os alunos por sua boa atuação ao mesmo tempo que mostram como eles podem se superar para atingir os objetivos. Os alunos percebem que têm um apoio firme e se sentem mais capazes para crescer e se desenvolver e, quando necessário, aceitar riscos calculados.

Quando deixamos a escola, não temos mais professores que são pagos para nos ajudar a aprender e a crescer. Em uma boa empresa, o gerente irá orientar e guiar os empregados. Se isso ainda não é parte da cultura de sua empresa, você pode começar a transformá-la com suas próprias ações, seja qual for o cargo que ocupe.

> **"Uma boa equipe é um ótimo lugar para se estar: desafiante, estimulante, que o apoia e o ajuda a prosperar. Uma equipe ruim é terrível: é um tipo de prisão humana."**
>
> **Charles Handy, autor de livros de negócios**

- **Reconhecimento.** Diga "obrigado" para demonstrar que você apoia e aprova o que as pessoas estão fazendo em colaboração com a equipe.
- **Consideração.** Dê atenção às pessoas a seu redor e ouça-as. É extraordinário como essa simples ação pode melhorar a comunicação pessoal, assim como destacá-lo da maioria das pessoas na interação com os outros.
- **Congratulações.** Elogie o colega ou membro da equipe que executou bem uma tarefa específica ou que vem mostrando bom desempenho ao longo do tempo. Isso amplia o sentimento positivo em torno do sucesso da empresa e também estimula a equipe a manter o alto nível de desempenho, que, de outro modo, poderia cair.

Demonstre apoio aos membros da sua equipe oferecendo-lhes consideração e reconhecendo o bom desempenho.

3.4

Estabeleça um *rapport*

Criar um *rapport* com as pessoas leva à construção de fortes relacionamentos profissionais, baseados em sentimento recíproco de confiança e respeito. Quando estabelecemos um *rapport*, identificamos interesses e semelhanças com a outra pessoa. Os laços do *rapport* funcionam como uma ponte entre as pessoas de qualquer posição social ou profissional e são construídos por meio da boa comunicação pessoal.

Já lhe aconteceu de conhecer alguém e perceber uma conexão e harmonia com essa pessoa? Há ocasiões, no entanto, em que você conhece alguém que não lhe parece comprometido, confiável ou receptivo. A diferença está no *rapport* – a sensação de estar na mesma frequência, consciente ou inconsciente, e que o deixa de fato confortável na presença da outra pessoa.

Às vezes, o *rapport* acontece de maneira automática, mas você também pode criá-la deliberadamente usando um método simples. Pense nas pessoas com quem você tem bom relacionamento. Sem

> **Minuto de reflexão** – Você pode criar um *rapport* simplesmente pela afinidade com o tom de voz e com as palavras que a outra pessoa usa. Contudo, seja cuidadoso. Não imite sotaques ou você será expulso da reunião! Na dúvida, limite-se a usar alguns jargões adotados pela outra pessoa.

"Nunca pareça arrogante para o humilde; nunca pareça humilde para o arrogante."

Jefferson Davis, presidente americano 1861-1865

notar, você deve compartilhar com elas a maneira de falar, as palavras e a linguagem corporal. Na próxima reunião de que participar, observe que as pessoas com afinidade entre si acomodam-se em posição semelhante e usam os mesmos gestos ou trejeitos parecidos. Isso se chama acompanhamento ou espelhamento.

■ **Acompanhamento.** Ocorre quando alguém usa a mesma comunicação que a outra pessoa – o tom de voz, certas palavras e frases, o tempo de respiração e a linguagem corporal. Se uma pessoa cruza os braços, a outra pessoa faz o mesmo; se usa uma frase específica, a outra pessoa usa as mesmas palavras.

■ **Espelhamento.** Com o espelhamento, uma pessoa é a imagem espelhada da outra. Se alguém cruza a perna direita sobre a esquerda, a outra pessoa cruza a perna esquerda sobre a direita.

Se você adotar essas técnicas deliberadamente, poderá criar o mesmo sentimento de *rapport* que poderia acontecer instintivamente. Observe a linguagem corporal da pessoa. Atente a seus gestos e postura, mas seja sutil. Evite imitações óbvias. O acompanhamento e o espelhamento devem ocorrer sem a percepção consciente da outra pessoa ou ela achará que você está zombando de seus trejeitos.

Crie um sentimento de confiança e de afinidade usando os métodos de acompanhamento e espelhamento.

3.5

Dê feedbacks

Dar feedback é importante quando você gerencia uma equipe, orienta ou treina pessoas. O feedback é uma ferramenta essencial de comunicação que faz com que as pessoas aprendam com os próprios erros e acertos. É importante, entretanto, que o feedback seja transmitido de maneira construtiva.

Há diferença entre criticar alguém e lhe oferecer feedback. O feedback permite que a pessoa aprenda com os próprios erros ou pontos fracos e se corrija. A crítica, por outro lado, é uma maneira de depreciar ou culpar a outra pessoa.

Um bom feedback deve ser breve e conciso, com tom positivo. Também deve ser dirigido em primeira pessoa: "Eu acho que...", em vez de "Você está..."

Há várias maneiras de transmitir feedback para uma pessoa. Uma das mais simples é o modelo "sanduíche":

1 Primeiro, expresse os pontos positivos do desempenho da pessoa. Essa é a primeira "fatia" do sanduíche.

> **Minuto de reflexão** – Ao dar feedback, use frases positivas. Diga "faça isso", em vez de "não faça aquilo". O cérebro ouve a expressão positiva e reage formando uma imagem do novo objetivo, o que ajuda a entender a ação necessária para atingi-lo.

2 Em seguida, diga o que tornaria o desempenho ainda melhor na próxima vez (três áreas a serem desenvolvidas, por exemplo). Isso é o "recheio".

---

3 Por fim, ofereça uma observação positiva. Explique o que, no conjunto, foi bom no desempenho da pessoa.

O modelo de feedback **E2-O3** pretende ser uma abordagem mais ampla:

- **Equilíbrio.** Leve a pessoa a pensar tanto nos pontos fortes como nos pontos em que ela pode melhorar.
- **Exemplos.** Para cada item de feedback de desempenho, dê um ou dois exemplos específicos do que você observou. Feedbacks muito gerais não são construtivos para a outra pessoa. Assim, em vez de dizer "Você foi ineficiente...", é melhor dizer "Quando você fez..."
- **Observação.** Expresse o que você observou no comportamento da pessoa.
- **Objetividade.** Evite ser subjetivo, preconceituoso ou intolerante. Certifique-se de que o feedback refere-se somente ao desempenho da pessoa, e não à personalidade dela.
- **Oportunidade.** Dê o feedback logo após a observação do desempenho. O aconselhamento oportuno permite que a pessoa reflita imediatamente sobre o que fez.

Dê feedbacks construtivos usando o modelo "sanduíche" ou o modelo "E2-O3".

3.6

Seja persuasivo

Qualquer que seja sua posição em uma equipe ou na empresa, bons persuasores são muito valorizados. Para ser um comunicador persuasivo, o principal é entender os dois tipos diferentes de pessoas: as pessoas "Meta" e as pessoas "Fuga". Ambas querem alguma coisa. Será que você pode oferecer o que elas querem?

As pessoas "Meta" são motivadas pelo que querem ter, pelo que querem ser ou pelo que querem fazer. Por exemplo: "Quero um aumento de salário"; "Quero ter sucesso neste projeto"; "Quero terminar isso até o fim do dia".

Para motivar essas pessoas, você precisa se comunicar com elas por meio de uma linguagem que lhes ofereça mais do que elas querem ter, querem ser ou querem fazer. Suponha, por exemplo, que você queira persuadir um colega a ajudá-lo a escrever um relatório. Você precisa conhecer as coisas que o motivam.

■ **Quais são as metas dessa pessoa?** O que ela mais deseja? Ela quer ter mais, fazer mais ou ser mais?
■ **O que você pode oferecer a ela?** Se você lhe oferecer o que ela quer, conseguirá persuadi-la a ajudá-lo.

Eis um exemplo de abordagem ao lidar com uma pessoa **Meta**: "Ajudando-me a escrever este relatório, você será notado pelas pessoas

> **Minuto de reflexão** – Para ser realmente persuasivo, visualize mentalmente a imagem nítida dos resultados provenientes da aceitação de sua proposta. Faça com que a outra pessoa imagine como isso será, ou seja, quais serão os benefícios que ela terá ao aceitar sua proposta.

importantes da empresa. Com isso, poderá ser promovido ou ter um aumento de salário."

As pessoas **Fuga** são motivadas pelo que desejam evitar, isto é, as coisas que não querem ter, que não querem fazer ou que não querem ser. Por exemplo: "Não quero ter dinheiro"; "Não quero ter mais trabalho"; "Não quero ficar mais estressada".

Para motivar as pessoas "Fuga", comunique-se com elas nos termos delas. Ofereça a elas menos daquilo que desejam evitar ter, fazer ou ser. Suponha, por exemplo, que aqui também você queira a ajuda de uma colega para escrever um relatório:

- **Quais são os objetivos de "fuga" da pessoa?** Em outras palavras, o que ela deseja evitar ter, fazer ou ser?
- **O que você pode oferecer a ela?** Mostre-lhe que, ao ajudá-lo, ela terá a chance de ter menos daquilo que desejam evitar.

Eis um exemplo de como lidar com uma pessoa "Fuga": "Ao me ajudar com este relatório, ficarei livre para ajudá-la com aquele projeto que a está incomodando, de modo que você evitará mais estresse nesta semana."

Observe quais de seus colegas são pessoas "Meta" e quais são pessoas "Fuga". Esse é o segredo para motivá-las.

3.7

Seja um *coach*

Use a comunicação pessoal como ferramenta de aprendizado. Uma equipe que desafia a si mesma constantemente torna-se muito eficiente e colabora bastante com a empresa. É claro, a comunicação e o aprendizado estão interligados. Eis aqui alguns fatores e técnicas que o ajudarão a orientar a si mesmo e aos outros, mantendo um aprendizado constante.

- **Faça perguntas.** Se não sabe alguma coisa ou está em dúvida, pergunte sempre. É a maneira mais efetiva de se desenvolver profissionalmente.
- **Sugira ideias.** Não fique em silêncio, seguindo as ideias das outras pessoas. Fale e dê voz às suas ideias!
- **Reconheça seus erros e pontos fracos.** Converta seus erros em aprendizado. Lembre-se de que não há falhas; há feedback. Use tudo o que você faz como uma oportunidade de aprendizado.

Estudo de caso – Anita foi indicada como responsável por uma equipe que teve problemas com o chefe anterior. Ela logo percebeu que a equipe estava estagnada e que ninguém estava progredindo profissionalmente. Ela adotou esta orientação simples e eficiente: "Se há um problema na equipe, não se prenda a ele ou ao passado. Enfoque as oportunidades futuras que possam existir. Isso estimulará

- **Reflita e revise.** Relate os acertos e os erros, seja para si mesmo ou para seu chefe ou coach. Aprenda sempre.
- **Converse sobre o que aprendeu.** Isso evitará que você repita erros ou que trabalhe às pressas, sem necessidade.
- **Não menospreze as ideias alheias.** Você sempre pode aprender com as outras pessoas. Dê atenção às ideias alheias e aprenda mais.
- **Não culpe as outras pessoas.** Quando as coisas não vão bem, culpar as outras pessoas impedirá que você aprenda. Quem sairá perdendo é você.
- **Não fale às pessoas somente o que elas querem ouvir.** Se há más notícias, fale diretamente e use seus recursos de *rapport*.
- **Esteja atento.** Observe se as pessoas estão confortáveis ou não com sua comunicação. Assim, você saberá quando pode oferecer apoio e quando deve recuar.
- **Encoraje e dê apoio.** Na comunicação com colegas que estejam envolvidos em uma tarefa, use o modelo E2-O3 para dar feedback. Isso ajudará a criar confiança.

Seja sincero e aprenda com a comunicação pessoal, a fim de se tornar um excelente *coach*.

nossa criatividade e fará com que todos pensemos em como melhorar e nos motivar." Ela pediu à equipe que adotasse essa nova maneira de pensar. Depois de três meses, Anita notou que a comunicação havia melhorado consideravelmente e que a equipe se tornara muito mais produtiva. Os empregados passaram a se interessar por oportunidades de crescimento dentro da empresa.

Capítulo 4

Aproveitando ao máximo as reuniões

As reuniões são oportunidades para você ser reconhecido dentro da empresa, passar suas ideias com confiança e, se necessário, obter concordância e aprovação para executar alguma ação. Se você deseja receber comentários elogiosos sobre sua participação em reuniões, aprenda alguns truques e ferramentas para influenciar as outras pessoas, de modo que todos saiam da reunião com a lembrança do que você disse. Preste atenção nestes "segredos" para reuniões e a empresa começará a prestar atenção em você.

4.1

Planeje e prepare-se

Toda conversa de negócios deve ser conduzida de maneira profissional. Provavelmente, você não lançaria um novo produto sem conhecer bem o mercado, o produto e o que você pretende com o lançamento. Certamente, você também faria uma pesquisa sobre a concorrência. Portanto, reserve tempo para planejar e para se preparar.

No momento em que você pensar em agendar uma reunião, pare e se pergunte: você realmente precisa de uma reunião presencial? O assunto não poderia ser tratado por telefone ou e-mail?

As empresas desperdiçam centenas de horas todo ano em reuniões desnecessárias. Ainda assim, se você acha que precisa se encontrar com alguém, pense no que quer obter com a reunião. Isso não quer dizer algum objetivo vago, como "isso vai fazer as pessoas falarem" ou "talvez as pessoas devam saber o que está acontecendo na empresa". É preciso ser específico:

■ "O que desejo que aconteça no curto prazo como resultado de informar tal assunto? E no longo prazo?"

Reserve algum tempo para pensar nos critérios para avaliar a reunião.

> **Minuto de reflexão** – Se você tiver de fazer uma apresentação durante a reunião, planeje uma apresentação bem curta, mas esteja preparado para abordar os pontos detalhadamente, se necessário. Você consegue apresentar suas ideias em 30 segundos? Ótimo! E em 10 minutos?

- "Como saberei se atingi o objetivo? Quais são os sinais de que a reunião foi bem-sucedida?"

Com um objetivo claro em mente, você pode perceber se tudo vai correr bem ou se vai precisar ser flexível na maneira de se comunicar. Vale a pena pensar com antecedência em quem estará presente na reunião.

- "O que provavelmente eles querem e com que obstáculos poderei encontrar durante a reunião?"

Ao se perguntar "Como será se isso acontecer?", você poderá pensar nas opções de se comunicar de diferentes maneiras. Depois de considerar as perguntas anteriores, vá em frente e prepare a pauta. Tenha em mente que o ideal é que os convidados tenham informações suficientes para tomarem decisões sobre pelo menos dois terços dos assuntos pautados.

Por fim, com as pessoas certas convidadas para a reunião, é hora de transmitir sua mensagem.

Tenha clareza sobre os resultados esperados na reunião e pense nos obstáculos que pode ter de superar.

4.2

Preste atenção à plateia

Bons comunicadores são comunicadores flexíveis. Não usam discursos prontos para qualquer circunstância. Eles variam suas mensagens de acordo com a plateia que terão diante de si. É claro que você precisa planejar o que vai falar, mas ao mesmo tempo esteja pronto para fazer mudanças conforme a situação.

Você pode ser muito bom em apresentações formais diante de um pequeno grupo ou em grandes eventos. Ou você pode se destacar em reuniões informais. O ideal, entretanto, é que você se torne um orador confiante e flexível em qualquer situação – em reuniões pequenas ou grandes, formais ou informais, dentro da empresa ou para clientes.

Ao dirigir sua atenção às necessidades da plateia, você se torna um comunicador eficiente em todas essas circunstâncias. Eis algumas orientações para você desenvolver suas habilidades discursivas.

■ **Escolha as palavras.** Uma das primeiras coisas a considerar é se os participantes da reunião conhecem bem seu idioma. Se não for esse o caso, talvez você tenha que simplificar sua fala.
■ **Evite jargões.** Em seguida, pense no conhecimento que os ouvintes já têm sobre o tema. Cuidado com o uso de abreviações e jargões que podem ser desconhecidos da plateia.
■ **Encontre o tom certo.** Cuidado para não ser arrogante. Procure ser simples e observe como a plateia reage: "Está claro para vocês?"

> **Minuto de reflexão** – Uma maneira fácil de passar informações sem parecer arrogante é usar frases como estas: "Como você deve saber..." ou "É claro, nesse tipo de situação uma das soluções seria..." Elas também ajudam a manter o *rapport*.

- **Use recursos adicionais moderadamente.** Não há problema em usar o PowerPoint, *flipcharts* e outros recursos que enfatizem os pontos que você quer marcar. No entanto, isso pode tornar a apresentação muito formal. Fique atento à plateia.
- **Mantenha o foco.** Se você usar algum recurso, concentre a atenção na plateia, não no recurso. Se você perder o foco na plateia, ela perderá o interesse no que você está dizendo.
- **Mantenha a concentração na plateia.** Ao usar o PowerPoint, verifique se está apresentando o slide certo. Um rápido olhar é suficiente. Depois, dirija-se para a plateia.

Se você não está seguro de como se sai nas diferentes situações, peça a algum colega ou amigo que filme sua apresentação ou discurso. Você pode aprender bastante observando seus trejeitos, posturas e como fala, mesmo que seja para uma só pessoa.

Use recursos de apresentação, mas certifique-se de que eles o ajudarão – em vez de atrapalhar – a transmitir a sua mensagem.

4.3

Mantenha a cabeça erguida

A boa postura tem um efeito impressionante sobre as pessoas. Seja de pé ou sentado, você pode manter uma postura altiva e reta. Isso reforçará qualquer mensagem que deseje passar.

Muitos profissionais desenvolvem maus hábitos de postura. Sentar-se diante do computador todos os dias, carregar bolsas pesadas – e também o sentimento de estresse – contribuem para uma postura ruim. Esses hábitos fazem com que não fiquemos retos, mas que adquiramos a tendência de curvar nossas costas e de respirar superficialmente. Isso é passado para a voz, que irá soar fraca e ansiosa.

É desconfortável para qualquer plateia ouvir uma voz nervosa. Se alguém no grupo está respirando superficialmente, as outras pessoas tendem a fazer o mesmo. De modo empático, elas captam sua ansiedade e começam a se sentir da mesma maneira. A experiência torna-se muito desagradável para todo o grupo.

Estudo de caso – Alguns anos atrás, notei uma transformação em uma colega chamada Ros. Por ter machucado as costas enquanto fazia jardinagem, ela entrou em um programa de reabilitação com exercícios regulares e foco específico em melhoria da postura. À medida que seu corpo ganhou mais força e flexibilidade,

Ficar de pé ou sentado com os ombros e costas curvados para a frente é, obviamente, ruim para a saúde. Além disso, esse tipo de postura também passa um sinal visual de que você não possui autoconfiança. Uma linguagem corporal eficiente é equilibrada e reta.

1 Mude sua postura, deixando reta a sua coluna e relaxando os ombros. Deixe sua cabeça descansar calma e confortavelmente sobre os ombros, sem incliná-la para a frente ou para trás.

2 Observe se você está em equilíbrio em relação aos lados (direito e esquerdo) do corpo.

3 Use a respiração para relaxar e equilibre seu corpo para tornar-se um apresentador mais eficiente.

Mude sua postura e você transformará a maneira como as pessoas o veem, fazendo com que seu discurso seja recebido com interesse e atenção pela plateia.

Encontre o equilíbrio exato entre uma equipe interna e uma equipe terceirizada.

também melhorou sua habilidade de se comunicar de modo mais eficiente e enérgico. Mais notável ainda foi como a percepção sobre ela mudou dentro da empresa. As pessoas ouviam-na mais atentamente, procuravam a ajuda e opinião dela com mais frequência e ela tornou-se uma pessoa respeitada na empresa.

4.4

Mantenha a relevância da discussão

Como todos os empregados sabem, se há tempo livre, ele será preenchido, de modo eficiente ou não. Quer você reserve uma hora ou duas para uma reunião, provavelmente ela tomará esse tempo ou até mais. Se você não pretende preencher o tempo com conversas inúteis, é importante manter constante atenção no foco e na relevância dos assuntos em discussão.

Estando certo do que você quer comunicar e de quais são os objetivos da reunião, será fácil manter a linha de discussão. Isso só acontecerá, entretanto, se você informar no começo da reunião qual é o propósito do encontro.

Em seguida, envolva as pessoas nesse objetivo. Use seus recursos de *rapport* para convencê-las. Ao apresentar o propósito da reunião, peça a concordância delas. Se você mantiver um sentimento de *rapport* com as pessoas, elas estarão muito mais abertas para a persuasão.

Eis uma pergunta útil que você pode fazer durante a reunião para checar se o foco está sendo mantido:

■ "Como isto – este ponto ou discussão – se relaciona com o objetivo que definimos em conjunto para esta reunião?"

Essa pergunta é fácil de lembrar e usar e assegura que tudo que for dito será relevante para o objetivo central da reunião. Sabe-se que,

> **Minuto de reflexão** – Há uma maneira fácil de fazer com que as pessoas concordem em agir de acordo com o que foi discutido. Resuma o que foi combinado na reunião. Em seguida, pergunte: "Se eu fizer *isso*, você faria *aquilo*?"

sempre que alguém se desvia do assunto, a discussão leva pelo menos 20 minutos para retornar ao ponto principal. Assim, realmente vale a pena usar uma estratégia simples como essa para manter o foco.

Você também pode combinar com seus colegas que qualquer dos presentes poderá fazer a pergunta para outro, a fim de verificar o foco da discussão. Com isso, quem estiver falando terá de estar preparado para justificar se o seu ponto tem relação com o objetivo da reunião.

Se, depois da pergunta, todos concordarem que a pessoa se desviou do tema principal da reunião, você pode dizer: "Gostaria que retomássemos o foco da reunião" e, em seguida, simplesmente retorne ao último ponto relevante.

Pontos importantes:
- Defina os objetivos da reunião.
- Obtenha a concordância de todos quanto aos objetivos.
- Mantenha a relevância da discussão para atingir os objetivos.

Certifique-se de manter o foco da reunião no objetivo central que você definiu previamente.

4.5

Seja um contador de histórias

Imagine que você esteja caminhando por uma rua estreita. Depois de dez quilômetros, você sente que está ficando cansado. Então, aparece um carro e lhe oferece uma carona. Isso é o que está acontecendo com nossa empresa neste momento. Estamos perdendo energia e precisamos de uma empresa maior para nos financiar, a fim de seguirmos em frente.

Dados e fatos são interessantes até certo ponto. Todavia, eles não são tão marcantes e não prendem tanto a nossa atenção da maneira como as narrativas e as metáforas o fazem. Por isso, é importante ter uma boa narrativa e usar analogias, como a do exemplo acima, para ilustrar ideias.

É de natureza humana preferir as narrativas e as metáforas, porque temos mais facilidade com elas do que com os dados. Isso se dá porque o cérebro pensa por meio de imagens. Alimente-o com imagens, como a de um andarilho cansado que pega uma carona, e você passará sua ideia de maneira mais fácil e convincente do que apenas falando algo como: "Estamos sem dinheiro e precisamos de um financiamento para a empresa continuar funcionando." Uma metáfora é muito mais marcante.

> **Minuto de reflexão** – Uma maneira fácil de começar a usar metáforas nos negócios é associar ideias de "combater" ou "ultrapassar" a concorrência. Faça narrativas que envolvam uma "batalha" ou uma "corrida", colocando seu personagem como o vencedor.

Usamos metáforas naturalmente em nossos discursos: "É um caminho longo e sinuoso a ser trilhado"; "Essa tempestade econômica está devastando a confiança do consumidor como um furacão"; "Os negócios estão indo a todo vapor." Eis algumas vantagens de usá-las em situações profissionais:

- **Estimular a imaginação.** Boas metáforas podem ser curtas ou longas; as melhores capturam efetivamente a imaginação e fazem com que o ouvinte as relacione à própria situação, sem necessidade de mais explicações do orador.
- **Trazer nova perspectiva.** Por meio de uma analogia, você pode levar as pessoas a enxergar uma situação de maneira diferente ou por um novo ângulo.
- **Ser efetivamente persuasivo.** As metáforas funcionam em nível inconsciente. Assim, o ouvinte apreende exatamente o que ele precisa da narrativa ou da ideia.

O uso de metáforas é um método excelente de apresentar novas ideias e de superar a resistência inicial. É mais eficiente que usar apenas os fatos e a lógica.

As narrativas estimulam a imaginação e mantêm o interesse da plateia.

4.6

Seja conciso e agradável

As reuniões dispersam-se quando as pessoas começam a se repetir apenas para "preencher" o tempo. Comunicadores eficientes não fazem isso. Eles sabem o que querem comunicar e, quando terminam de fazê-lo, calam-se. Se você não aprender essa lição, falará demais e por muito tempo. E as pessoas olharão pela janela, enquanto você estiver falando!

Em uma reunião, escolha cuidadosamente o momento de falar. Ao falar, seja simples e direto. Nunca há necessidade de falar por muito tempo em uma reunião.

De fato, quanto mais tempo a pessoa fala, menos eficiente a comunicação vai se tornando. É provável que você se lembre de situações em que alguém falava demais. O que aconteceu? Você deve ter parado de ouvir e de aprender. Os pais geralmente cometem esse erro: quando eles se repetem na repreensão às crianças, elas param de ouvir.

Às vezes, em uma reunião, ser conciso transmite mais autoconfiança. Assim, pare de dar voltas e seja direto e conciso, usando estas quatro regras essenciais:

1 **Defina os objetivos.** Saiba o que quer alcançar. Se não tiver um motivo para falar, simplesmente não fale.

---

2 **Ouça.** Se você apenas fala a esmo, não se conectará às pessoas com base no que você está falando. Também não será capaz de ouvir adequadamente.

> **Minuto de reflexão** – Se você continuar fazendo as mesmas coisas que sempre fez, terá os resultados que sempre teve. Na próxima vez em que estiver participando de uma reunião e perceber resistência, mantenha-se quieto. A quem ou a que você não prestou atenção? Ouça e aprenda.

3 Aprenda. As pessoas têm opiniões sobre o que você falou. Se você parar de falar e passar a ouvir, aprenderá com elas e talvez atinja mais rapidamente o seu objetivo.

4 Dê espaço. Ao dar espaço às pessoas para responder ao que você falou, irá eliminar antecipadamente qualquer objeção e descobrirá diferentes perspectivas.

Ao falar demais, você entedia seus ouvintes. Como consequência, na próxima vez em que você falar, os ouvintes estarão preparados... para não prestar atenção! Se você continuar se repetindo, pode ser que eles deixem até de comparecer às suas apresentações.

Se começar a notar resistência a suas ideias nas reuniões, reconsidere sua abordagem. Pode não ser o caso de você ter falado pouco, mas de que esteja falando demais e por muito tempo.

Se tiver de se repetir para marcar suas ideias, talvez seja hora de parar de falar.

4.7

Sente-se no lugar certo

Mesmo que você esteja falando bem em uma reunião, os interlocutores serão influenciados por sua linguagem corporal. Demonstre uma linguagem corporal receptiva e você terá mais aliados do que com uma linguagem corporal defensiva. Além disso, o lugar onde você senta também influencia a percepção das pessoas sobre o que você fala. Sente-se no lugar certo para obter a receptividade desejada.

Atente ao espaço e ao território pessoais em reuniões. Isso varia de cultura para cultura e entre os gêneros. Se você estiver em uma reunião de sua empresa e em seu país, é relativamente fácil. Entretanto, se for uma reunião internacional, faça seu "dever de casa" primeiro. Se inadvertidamente avançar sobre o espaço pessoal de alguém, seja sentando-se muito próximo ou em lugar que deveria ser ocupado por alguém hierarquicamente superior, a reunião pode não ser bem-sucedida.

Estudo de caso – Um amigo passou por certo constrangimento em sua primeira reunião quando começou a trabalhar em uma grande empresa de publicidade com sede em Nova York. Ele não sabia que alguns territórios já haviam sido "dominados" na sala de reunião. Quando participou da primeira reunião, cheio

> **Minuto de reflexão** – Se a reunião é de duas pessoas apenas, procure não se colocar em lado oposto à outra na mesa. A melhor posição para uma boa conversa é sentar junto da "esquina" da mesa, de modo que haja apenas uma pequena barreira entre vocês, não uma barreira completa.

Eis algumas regras para ajudá-lo a escolher o melhor lugar na maioria das reuniões:

- **Mesas quadradas.** Em uma mesa quadrada, você se sentirá mais cooperador com a pessoa próxima a você do que com a que está no lado oposto. A pessoa à sua direita é mais cooperadora do que a do lado esquerdo.
- **Mesas redondas.** Funcionam bem para reuniões entre pessoas do mesmo nível hierárquico. No entanto, se houver diferentes níveis hierárquicos, atente às mesmas regras aplicáveis para as mesas quadradas.
- **Mesas compridas.** Se estiver a uma mesa comprida e com as costas voltadas para a porta, você não está em uma posição de prestígio. Se quiser ser ouvido, mude de lugar e sente-se ao meio da mesa.

Em sua primeira reunião na empresa, observe os lugares preferenciais das pessoas.

de ideias para uma nova conta, não prestou atenção ao lugar que escolhera para se sentar. No decorrer da reunião, entretanto, ficou claro que ele havia "tomado" o lugar de alguém. Ele contou que se sentiu como se tivesse entrado na casa dessa pessoa e sentado na poltrona favorita dela.

Capítulo 5
Vendendo com sucesso

"As pessoas 'compram' pessoas": eis um antigo dito popular. É claro, seu produto ou serviço deve ser bom, mas, mesmo que ele seja excelente, você pode não ter sucesso se não souber vendê-lo. Portanto, quais são os segredos para vender com sucesso? Pessoas persuasivas desenvolvem relacionamentos positivos com seus clientes. São amistosas e receptivas em sua linguagem corporal e procuram manter sempre o *rapport*. Em outras palavras, a comunicação pessoal é essencial.

5.1

Pense no cliente

A chave para todos os outros segredos deste capítulo está em "pensar no cliente". Se o cliente achar que você não está em sintonia com ele, certamente desconsiderará o que você está dizendo desde o início de sua argumentação de venda. Entretanto, se ele achar que você está do lado dele, o restante será mais fácil.

O que quero dizer com "estar na mesma sintonia"? Você se sentirá em sintonia com alguém somente quando tiver criado um *rapport*. Lembre-se de atentar para esses detalhes: como a outra pessoa se senta ou fica de pé; à postura e gestos dela; à maneira de falar ou às palavras que ela usa com frequência.

Já percebeu como algumas empresas adotam jargões e estilo próprio de falar? Se você passar a adotá-los, em conjunto com o "acompanhamento e espelhamento" da linguagem corporal da outra pessoa, ela terá a sensação de que você pertence ao mesmo ambiente dela. Nada em você parecerá "externo" e seu discurso terá mais receptividade.

> **Minuto de reflexão** – É essencial conhecer o que é importante para a outra pessoa. Quais são os valores e necessidades dela? Lembre-se de fazer perguntas como: "Como se sente quando...?" e "De que exatamente você precisa...?"

> **"Se eu tivesse que perder tudo que tenho, com exceção de uma coisa, eu escolheria manter a capacidade de falar, pois, por meio dela, eu logo recuperaria tudo que me foi tirado."** Daniel Webster, estadista americano do século 19

Para ser um vendedor bem-sucedido, faça as seguintes perguntas:

- **O quê?** Saiba exatamente de que o cliente precisa e também descubra o que é importante para ele profissionalmente.
- **Por quê?** Entenda a motivação da outra pessoa, por que razão ela deseja algo ou precisa daquilo.
- **Como?** Conheça os procedimentos de seus clientes e a conduta que eles desejam das pessoas com quem trabalham.

Faça perguntas e ouça (ativamente) as respostas. Pessoas persuasivas sempre estão verdadeiramente interessadas nos outros. Elas fazem perguntas exploratórias para descobrir os problemas e para remover obstáculos que possam surgir durante a conversação.

Faça boas perguntas para se tornar um vendedor mais persuasivo e bem-sucedido.

5.2

Mostre os benefícios para o cliente

No mundo dos negócios, com frequência você tem que vender um produto ou serviço a um cliente. Você terá mais sucesso em suas vendas se dedicar algum tempo a conhecer as necessidades e desejos reais de seus clientes. Veja a seguir algumas etapas simples de comunicação pessoal que você pode adotar para sempre fazer negócios bem-sucedidos.

Comece estabelecendo um *rapport* com o cliente. Então, seguindo as etapas listadas abaixo, você poderá deixar seu cliente mais à vontade para que ele lhe revele o que o fará comprar. Isso facilitará sua ação de venda. O melhor disso é que o cliente não se sentirá como se você estivesse tentando lhe impor algo, mas sim que você deseja o melhor negócio para ele.

- **Enfoque o objetivo.** Pergunte o que o cliente quer. Qual é o desejo específico dele? Pode ser alguma coisa ou uma sensação.
- **Examine os benefícios.** O que esse objetivo significa para o potencial comprador? Ao atingi-lo, que benefícios terá? Como ele se sentirá? Ele será, fará ou terá algo a mais?
- **Pense na situação presente e na futura.** Quando e onde o cliente quer o produto? Talvez ele já o tenha em parte.

> **Minuto de reflexão** – Eis algumas perguntas simples a fazer quando o cliente parece indeciso para comprar. Primeiro, pergunte: "O que faltaria para convencê-lo a comprar este produto?" Em seguida, pergunte: "Se conseguirmos chegar a uma solução satisfatória para isso, você estaria inclinado a fechar o negócio?" Essas perguntas lhe indicarão o que é necessário para ganhar a venda.

- **Crie expectativa.** O cliente conhece alguém que já tenha o produto? Qual a impressão dele? O cliente já teve algo semelhante de que gostou? Qual o benefício que teve? Como se sentiu com o produto?
- **Perceba a oportunidade.** Faça a si mesmo duas perguntas: por que o cliente ainda não tem o produto? E há alguma coisa que o impediria de tê-lo agora?
- **Use o cenário "como se".** Concentre-se no que o cliente quer. Sugira que ele veja a si mesmo como se já possuísse o produto: "Vamos supor que você já tenha comprado o produto. Quais características indicam que foi o produto certo para você? Como você se sente com ele? Por que foi uma boa compra?"

Quando as pessoas ouvem essas perguntas, começam a imaginar como seria possuir o produto.

Use o cenário "como se" para fazer com que o cliente imagine a sensação de ter o produto ou serviço.

5.3

Ganhe o apoio das outras pessoas

Seja como gerente ou simplesmente como membro de uma equipe, em algum momento você precisará "vender" suas ideias. Demonstre entusiasmo, obtenha a atenção das pessoas e estabeleça *rapports* quando falar. "Vender" ideias é fácil. Siga as etapas abaixo e você fará com que outras pessoas também fiquem entusiasmadas com suas ideias.

Para ter sucesso nos negócios, você precisa fazer com que as pessoas apoiem suas ideias e objetivos. Isso significa que você tem de se tornar um "vendedor", quer você tenha essa profissão ou não. Eis algumas etapas que poderão fazer a diferença:

- **Atraia a atenção.** Apresente o assunto de modo que desperte o interesse do interlocutor. Não presuma que exista o interesse. Crie-o. Faça perguntas para avaliar o nível de interesse.
- **Contextualize a ideia.** Descreva o contexto da ideia. Por exemplo, trata-se de um problema a resolver ou um desafio a ser superado?
- **Enfoque o resultado.** Descreva, com nível adequado de detalhes, o resultado a ser atingido com sua ideia. Compare a situação atual com as mudanças que serão trazidas pela ideia.
- **Apresente a ideia.** Você mostrou o contexto para agora descrever a ideia em detalhes. E, como você já apresentou o contexto, o interlocutor estará mais receptivo à ideia.

> **Minuto de reflexão** – Ilustre como será o futuro caso sua ideia seja aceita. Compare com a situação em caso contrário. Você quer que o cliente experimente agora os benefícios da decisão imediata.

- **Realce os benefícios.** Procure manter o *rapport* com o interlocutor verificando o nível de interesse dele. Explique os benefícios para ele, para a empresa, para a equipe e para qualquer interessado.
- **Neutralize a resposta negativa.** Pense em todas as hipóteses: e se o interlocutor não "comprar" sua ideia? Explique para ele as consequências negativas da não adoção da ideia.
- **Verifique sempre.** Certifique-se de que está usando linguagem corporal receptiva para manter o *rapport* e verifique as reações do interlocutor por meio de perguntas francas para esclarecer qualquer problema.
- **Crie envolvimento.** Envolva o interlocutor na ação. Quais são os próximos passos? Liste os próximos passos necessários para executar a ideia ou peça sugestões.

"Vender" ideias é fácil, se você seguir um método na maneira como se comunica.

5.4

Transmita credibilidade

O processo de vender envolve confiança e credibilidade. Ninguém comprará o produto de uma pessoa que demonstra desconhecê-lo, que não acredita nele, que não parece querer o melhor para o cliente ou que está tentando intimidar ou enganar o cliente de alguma forma.

Eis cinco etapas para aumentar a credibilidade junto ao cliente.

1 Primeiro, seja coerente. Isso quer dizer que sua linguagem corporal deve estar em harmonia com suas palavras. Além disso, o que você disser em uma ocasião deve ser mantido em outras ocasiões. Ou, pelo menos, seu discurso deve estar alinhado com o que você já disse. Se ficar mudando sua história constantemente ou cair em contradição de algum modo, toda a sua credibilidade como vendedor será perdida.

2 Uma vez estabelecida a coerência, pense na credibilidade. Quando você vende um produto ou uma ideia, deve estar preparado para ser correto na maneira como o descreve. Vender não significa que o produto tenha que ser perfeito para que o cliente o compre. De certa forma, é até o contrário. Sempre informe ao cliente o que é crível sobre o produto. Se for maravilhoso demais, levantará suspeitas.

> "Você não precisa ser excelente para começar, mas precisa começar para se tornar excelente."
>
> **Zig Ziglar, autor motivacional americano**

3 Esteja preparado para descrever as limitações ou os aspectos negativos de seu produto ou serviço. Desde que estes se equilibrem com os aspectos positivos, não receie que isso o tornará vulnerável a perder uma venda. Tudo o que você está fazendo é construir credibilidade.

4 Em seguida, ao descrever os excelentes recursos de seu produto, seja bem específico. Por exemplo, diga a seu cliente que ele não terá uma economia de 10% com o produto, mas sim de 11,5%, especificamente.

5 Finalmente, lembre-se de que muitos clientes precisam de alguma referência externa de seus produtos e de sua credibilidade. Obtenha cartas de recomendação e atestados como referência.

Na hora de vender seu produto, procure ser o mais específico e detalhista possível.

5.5
Saiba por que os clientes dizem "não"

Você está com o cliente, conversando sobre o que ele deseja. Você parece estar conduzindo muito bem a reunião, dizendo as coisas certas. No entanto, o cliente termina o encontro com uma frase como: "Vou pensar a respeito" ou "Por ora, decidi não fechar o negócio." O que fazer?

Há dois motivos básicos pelos quais o cliente não compra seu produto ou serviço. Esses motivos podem ser contornados facilmente. Com habilidade, você será capaz de argumentar para contorná-los.

1 **É você?** A primeira razão que faz o cliente dizer "não" é por não ter gostado ou não ter confiado em você. Como isso diz-lhe respeito, é fácil corrigir. Verifique se está sendo cordial o suficiente; suas palavras podem estar adequadas, mas você está usando a linguagem corporal correspondente? Está se sentindo amistoso? Talvez não esteja estabelecendo *rapport*? Se você está ansioso ou não gosta do cliente, ele será capaz de perceber isso em sua linguagem corporal. Mude a maneira como se sente e o cliente mudará de acordo.

> **Minuto de reflexão** – Use a fórmula "Sente, Sentiu, Satisfeito". São palavras que mostram empatia e que fazem com que a pessoa reduza a resistência inicial: "Entendo como você se sente. Meu cliente anterior se sentiu exatamente da mesma maneira no começo. Agora, ele está satisfeito com a economia mensal que vem tendo com o uso do serviço."

2 O cliente precisa do produto/serviço agora? A segunda razão é a falta de urgência. O comprador pode ter gostado de você e de sua oferta, mas acaba dizendo: "Parece ótimo, mas realmente não preciso desse produto." Ou talvez: "Devo precisar disso mais adiante, mas não agora." Ou mesmo: "Gostei muito, mas o fato é que não tenho dinheiro para comprar agora." Como você poderá convencer o cliente, de modo que ele sinta verdadeiramente um senso de urgência e queira comprar imediatamente de você?

Sempre que você ouvir uma pessoa dizer "Não preciso disso", ela estará lhe dizendo, em realidade, que você não apresentou detalhes suficientes. É o fator "O que tem de bom para mim?" Em outras palavras, você não descreveu os benefícios do produto ou serviço de modo que faça a pessoa preferir comprá-lo a deixar o dinheiro no banco.

Descubra os benefícios para o cliente e, especificamente, suas necessidades imediatas. Se você conseguir mostrar como seu produto atende a essas necessidades, terá uma venda.

Verifique seu *rapport* e dê mais detalhes sobre os benefícios, caso seu cliente pareça hesitante.

5.6

Estimule a imaginação

Como você se sentiria se estivesse descansando agora no lugar mais relaxante do mundo? Imagine a sensação. Agora, observe o que aconteceu quando você começou a ler este trecho. Usar palavras que estimulam a imaginação é uma maneira eficiente de fazer com que as pessoas pensem nos benefícios que seu produto lhes trará.

Quando você usa expressões como "Imagine..." ou "Como você se sentiria se...", o ouvinte faz exatamente o que você lhe pede. As pessoas pensam de fato na sensação ou na imagem trazida. Qualquer palavra que as faça usar o poder da imaginação terá o mesmo efeito:

- **Visualize isto.** "Visualize como seria (se você tivesse este carro)"; "Como seria se (você dirigisse um carro como este)?"
- **Já pensou...** "Já pensou em como seria (ter um carro como este)?"
- **Considere isto.** "Considere como seria se (você tivesse este carro)"; "Como sua vida mudaria se (você comprasse um carro como este)?"

> **Estudo de caso** – Um amigo meu, chamado David, trabalha como vendedor de automóveis. Às vezes, tenho a oportunidade de observá-lo em ação e ele sempre fala algo como: "Imagine como seria se você tivesse este carro." Inevitavelmente, o potencial comprador interrompe o que

> **Minuto de reflexão** – Outra expressão eficiente é "É bem possível." Use-a em frases como estas: "É bem possível que você fique satisfeito com a compra" ou "É bem possível que o produto lhe traga muitos benefícios." A expressão faz com que a outra pessoa fique receptiva ao que você dirá em seguida.

■ **Apenas pense.** "Apenas pense por um momento que (você possui este carro)."

Essas palavras e expressões estimulam as pessoas a desenhar um futuro imaginário em suas mentes e, nos poucos segundos que o fazem, esse futuro parece bem real. É o mesmo artifício que os hipnotizadores usam para induzir as pessoas a um estado semelhante ao transe. De fato, o método é tão eficiente que você deve tomar cuidado ao aplicá-lo!

A razão pela qual alguns vendedores falham é que eles usam palavras poderosas ao acaso, associando-as a imagens negativas. Por exemplo: "Não quero que você pense que (o carro irá quebrar)." Depois, eles ficam sem entender por que os compradores não quiseram fechar a compra.

Portanto, pense bem antes de usar palavras poderosas e descreva apenas imagens positivas ao falar.

A imaginação é uma das ferramentas de venda mais eficientes para convencer o cliente.

> estava fazendo e, por alguns segundos, tenta imaginar um futuro no qual ele já possui o carro. É quase impossível não fazê-lo. E, se o cliente gosta do que imagina, ele se torna imediatamente mais aberto para o que David tem a dizer em seguida. Trata-se de um grande passo para fechar o negócio.

5.7 Compreenda os valores

Você se lembra da última vez em que viu uma propaganda que o tenha levado a comprar o produto? Ou que tenha comprado alguma coisa de um vendedor? É provável que a propaganda e o vendedor tenham usado "valores" para convencê-lo a comprar.

Por "valores", quero dizer as coisas que nos são realmente importantes. No entanto, você e eu somos diferentes e, é claro, queremos coisas diferentes em nossas vidas. Contudo, há ideias que as pessoas valorizam e ideais que desejam atingir, em todos os países e culturas.

Se, ao descrever os benefícios de seu produto, você usar palavras que levam as pessoas a pensar nesses valores, elas ficarão interessadas no que você tem a dizer. Isso as deixará muito mais suscetíveis a comprar o produto ou serviço que você esteja descrevendo com aquelas palavras.

Eis algumas das palavras que você pode utilizar:

novo, comprovado, resultados, seguro, independente, o melhor, aprimorado, único, valor, economia.

> **Minuto de reflexão** – Você pode suavizar o seu tom adicionando uma pequena frase no começo de sua apresentação, tal como: "Estou pensando aqui se (você gostaria de um carro comprovadamente econômico)"; ou: "A propósito..."; ou "Talvez você esteja interessado em..."

Repare como em jornais, no rádio e na TV essas palavras são usadas constantemente. Isso se dá porque elas se relacionam a ideias universais de obtenção de algo de valor específico que seja especial ou o melhor no mercado. Como seres humanos, desejamos comprar coisas que demonstrem como somos especiais; portanto, gostamos de coisas que nos ofereçam determinada imagem.

Assim ocorre também nos negócios, porque temos sempre de justificar nossas decisões para nós mesmos e para as outras pessoas. É mais confortador dizer que tivemos que comprar o produto porque ele era o melhor, ou era exclusivo, ou de qualidade comprovada, ou seguro. De certa forma, isso faz com que nosso processo de tomada de decisão pareça mais prudente.

Use palavras relacionadas a valores em conjunto com palavras poderosas, para obter ainda mais efeito. Por exemplo: "Você imagina como seria se você comprasse um carro tão econômico e exclusivo como este? Como você se sentiria?"

Comece a usar essas palavras e frases e observe como você se tornará mais eficaz nas vendas.

Use palavras relacionadas a "valores" para levar as pessoas a pensar nos benefícios que terão com a compra.

5.8

Evite "mas" e "tentar"

"Parece ótimo em você, mas..."; "Gostei do resultado do projeto, mas acho que você poderia fazer algo um pouco diferente na próxima vez"; "Vou tentar entregar na segunda-feira"; "Vou tentar chegar às 9 horas, mas não posso garantir."

Sempre que você usa a palavra "mas", ela anula as palavras positivas antes utilizadas. Você pode ter acabado de elogiar as características mais positivas de alguém; no entanto, ao usar a palavra "mas" após o elogio, a pessoa imediatamente absorverá toda a frase como negativa.

A solução é usar a palavra "e", em vez de "mas". Enquanto "mas" destrói a positividade, "e" a reforça. Observe estas duas frases e perceba a diferença:

- "Parece ótimo, mas eu gostaria de ganhar um desconto."
- "Parece ótimo e eu gostaria de ganhar um desconto."

Qual das frases parece mais positiva? É a segunda que passa ao ouvinte uma boa sensação.

A palavra "tentar" é, de maneira semelhante, uma palavra difícil. Se você ouvir alguém dizer que vai "tentar", qual será sua expectativa? De que ele vai fazer de tudo para executar a tarefa ou nem tanto? Veja a diferença entre estas duas frases:

- "Vou pegar essa caneta."
- "Vou tentar pegar essa caneta."

> **"O melhor e mais rápido caminho para você ter sucesso é fazer com que as pessoas percebam claramente que é do interesse delas promover o seu."**
> **Jean de la Bruyère, ensaísta francês**

A primeira frase garante ao ouvinte que você acredita que é capaz de pegar a caneta e que o fará. A segunda frase sugere insucesso. Você não acredita que quer ou que é capaz de pegar a caneta.

Se você pretende ser bem-sucedido nas vendas, atente para a linguagem. Ao usar "mas" e "tentar", seu cliente começará a duvidar de que você cumprirá suas promessas. E ele estará certo em pensar assim, já que essas palavras refletem o que se passa em sua mente. Provavelmente, você tem dúvidas e elas aparecerão em suas palavras.

Se você perceber que está usando muitos "mas" e "tentar":

- Reflita sobre como você realmente vê o produto.
- Pense se você está feliz com o que está oferecendo ao cliente.

Elimine suas dúvidas e melhore sua comunicação pessoal.

Melhore sua comunicação consigo próprio e com seus clientes e torne-se mais eficiente.

5.9

Não pense em uma árvore azul

Não pense em uma árvore azul. Não, não pense em uma árvore azul. Falei para você não pensar em uma árvore azul. Não deixe que a imagem de uma árvore azul preencha sua mente agora! Opa! Quem está pensando em uma árvore azul?

Então, o que acontecerá se eu lhe disser que meu produto "não é ruim" e que "não é caro"? Sim, provavelmente você ficará pensando se o produto é ruim e certamente o vislumbrará como um produto caro.

Crie a imagem certa

O cérebro pensa em imagens. Se você usar as palavras certas, ele formará as imagens certas para ajudá-lo a vender seu produto. Por exemplo, esta árvore é maravilhosamente verde e frondosa. Quando se aproximar dela, você perceberá um aroma delicioso – a mais doce fragrância que você já sentiu.

O que aconteceu? Suas palavras "desenharam" imagens sensoriais que seu cérebro assimilou. Por meio da linguagem positiva, essas imagens tornam-se agradáveis à experiência.

> **Minuto de reflexão** – Eis outra ideia que você pode adotar. O que você quer mostrar ao cliente é bem básico: "O que você tem, o que você é ou como se sente no momento não é satisfatório. Você pode fazer mais, ter mais ou ser mais e se sentir melhor." Use uma variação dessa citação e você sempre terá sucesso em suas vendas.

Não use "nãos"

Quando você usa negativas, o cérebro primeiro monta a imagem daquilo que você descreveu, depois tenta excluí-la. Ele não ouve os "nãos" e faz uma imagem daquilo que você está descrevendo.

Assim, não faz sentido dizer: "Não pense em uma árvore azul!" Se você não deseja que essa imagem surja no cérebro do cliente, não crie essa imagem. Em vez disso, deve pedir ao cliente que pense na imagem que você quer. Por exemplo: "Por favor, pense em uma árvore verde" ou "Meu produto é de excelente qualidade."

Muitas pessoas cometem o erro de usar a linguagem negativa. Pense em avisos como: "Não escorregue." O que acontece? Seu cérebro faz uma imagem da queda. Melhor seria dizer: "Tome cuidado!"

Como todo excelente comunicador, livre-se das negativas e preste atenção à sua linguagem. Certifique-se de usar sempre palavras positivas para descrever as qualidades positivas de seu produto.

Use a linguagem positiva para criar a impressão certa do seu produto na mente da outra pessoa.

5.10

Lide com as reclamações de maneira flexível

Com uma comunicação flexível, esperamos que você nunca tenha de ouvir alguma reclamação de seus clientes, já que você terá conquistado a confiança deles. Porém, se houver alguém insatisfeito, você precisará se tornar um comunicador ainda melhor. Noventa e cinco por cento dos clientes farão negócios com você novamente, se você lidar com as reclamações de modo satisfatório.

Em geral, os clientes pressupõem que, diante de uma reclamação, a outra pessoa agirá defensivamente ou rejeitará a reclamação; por isso, eles ficam nervosos antes mesmo de começar a falar. Agir defensivamente é a pior resposta a essa situação. Em vez disso, siga estas etapas para chegar a um bom termo:

■ **Estabeleça *rapport*.** Primeiro, estabeleça *rapport* com o cliente. Na parte inicial da conversa, permita que ele fale durante o tempo necessário para que expresse tudo o que precisa. Mostre-lhe

---

Estudo de caso – Hélio conta:
– Usei esta estratégia quando quebrou a TV de um cliente. Eu disse a ele: "Já que o problema parece ser o fio da tomada, eu poderia mandar o aparelho ao fabricante para o reparo, o que levaria algumas semanas, ou poderia lhe

que você está ouvindo, concordando com a cabeça e usando contato visual. Isso acalmará o cliente.

■ **Crie empatia.** Procure pontos de concordância e use frases como "Entendo como se sente...", "Concordo..." ou "Compreendo..."

■ **Anote os detalhes.** Em seguida, faça perguntas para obter os fatos e dados específicos da reclamação. Anote o que for necessário. Isso também fará com que o cliente perceba que você está considerando seriamente a reclamação dele.

■ **Dê feedback.** É importante confirmar com o cliente o que ele disse. Ao obter detalhes, peça confirmação. Faça perguntas como: "Eu entendi corretamente?" ou "Então, isso foi o que aconteceu depois. Certo?" Desse modo, o cliente reconhecerá que você está interessado em resolver o problema. Agora, você está pronto para apresentar uma solução.

■ **Gere um resultado positivo.** Apresente desculpas, se for o caso, e faça com que o cliente pense em um resultado positivo. Resuma o problema e finalize com uma opção do que você PODE fazer. No fim da conversa, diga: "Uma vez que foi isso o que aconteceu..."; "Sugeriria que você..."; "Se resolvermos desse modo, está razoável?"

Assim, a conversa pode ser concluída e todos terão obtido o que desejavam.

Verifique constantemente se você está lidando de modo eficiente com as reclamações dos clientes.

---

oferecer outra TV agora, de outra marca. Posso verificar quais os modelos similares e de mesma qualidade que temos disponíveis. Pode ser?"
Como a reclamação foi atendida prontamente, o cliente tornou-se um cliente fiel.

Capítulo 6
Comunicando-se a distância

A tecnologia trouxe formas mais rápidas e convenientes de comunicação. Do telefone à internet, tudo leva ao trabalho flexível e ao contato virtual. Entretanto, a falta de comunicação presencial também gera a possibilidade de mal-entendidos, uma vez que, a distância, as pessoas tendem a se comunicar de modo menos cuidadoso. Este capítulo apresenta os segredos para manter excelentes níveis de comunicação pessoal em qualquer circunstância.

6.1

Seja flexível ao falar

O telefone é um meio rápido e conveniente para a comunicação profissional, mas é bom lembrar que você é a voz da empresa. A cada vez que você fala ao telefone, a outra pessoa terá uma imagem positiva ou negativa da empresa, baseada apenas em suas palavras e em sua voz. Crie a melhor impressão que puder.

Presencialmente, a linguagem corporal carrega cerca de metade da mensagem que você transmite ao interlocutor. Ao telefone, no entanto, 85% da sua comunicação estão em sua voz: a velocidade com que você fala, seu tom de voz. As palavras em si têm influência em somente 15% da mensagem.

Seu objetivo ao falar ao telefone deve ser controlar sua comunicação atentando à velocidade e ao conteúdo da fala. Uma pessoa fala cerca de 150 palavras por minuto. Parece muito, mas, felizmente, podemos ouvir bem mais: de fato, 300 palavras por minuto.

> **Minuto de reflexão** – Observe como você respira ao falar. A respiração pelo peito é superficial; a respiração mais profunda vem da parte inferior do abdome. Cada tipo de respiração cria um tom diferente em sua voz. Atente às variações da respiração e, consequentemente, à fala.

Pessoas que ficam nervosas na presença de outras tendem a falar mais rápido ou a "comer" palavras. Isso significa que, sem perceber, elas podem tagarelar mais de 500 palavras por minuto!

Se você falar muito rápido, imediatamente perderá o impacto e deixará uma impressão negativa ao "correr" com as palavras por causa de sua ansiedade. A solução, entretanto, é muito simples. Siga estas etapas:

1 **Ouça.** Quando estiver ao telefone, relaxe intencionalmente. Então, acalme-se e ouça como a outra pessoa está falando.

2 **Regule seu ritmo.** Agora, verifique o ritmo de sua voz. Os comunicadores mais eficientes adaptam o ritmo de seu discurso à velocidade com que a outra pessoa fala.

3 **Sorria.** Tente sorrir ao falar. Somos tão sensíveis a sutis diferenças de tom que o interlocutor perceberá o sorriso, mesmo que não possa ver sua linguagem corporal.

Crie uma imagem positiva ao telefone alterando o ritmo de sua voz.

6.2

Mantenha a etiqueta ao telefone

Como você não pode ver a pessoa no outro lado da linha, é fácil ser informal ao telefone e não prestar a mesma atenção que prestaria se estivesse em um encontro presencial. A má comunicação ao telefone lhe custará clientes. Atente aos elementos básicos da etiqueta ao telefone e você verá a diferença.

Você já pediu ao interlocutor para repetir o que falou porque você não estava prestando atenção? Ou ele já pediu para você repetir? Você já se ocupou com outra coisa enquanto falava ao telefone porque sabia que o interlocutor não podia vê-lo?

Se respondeu "sim", é hora de mudar seu comportamento ao telefone. Eis algumas ações simples que você pode adotar para melhorar sua comunicação telefônica:

> **Estudo de caso** – Sandra é uma boa vendedora, mas nunca havia conseguido os melhores índices de vendas. Em um curso sobre liderança, ela aprendeu exercícios de aquecimento da voz, como os que fazem os atores profissionais. Percebeu, então, que a voz tinha grande influência em como ela negociava com os clientes, já que a maioria das vendas era feita por telefone. Praticando a

- **Foco no interlocutor.** Primeiro, trate o interlocutor como uma pessoa, mostrando-lhe empatia e compreensão.
- **Resuma.** Repita os detalhes importantes da conversa para mostrar que você está ouvindo ativamente o que foi dito.
- **Faça apenas uma só coisa.** Quando estiver ao telefone, apenas fale ao telefone. Desligue o computador, feche o livro ou afaste-se da TV. O interlocutor pode perceber se você está lixando as unhas, enquanto fala ao telefone.
- **Verifique.** Mostre ao interlocutor como você irá proceder depois da chamada. Pergunte: "Há mais alguma coisa que eu possa fazer?"

Contudo, essas ações de etiqueta podem ser ineficazes se forem feitas de modo negligente ou em tom de desinteresse. Seu tom de voz dá "pistas" ao interlocutor; portanto, atente à impressão que está passando, bem como ao que está falando. Assim como as expressões faciais e os movimentos do corpo nos mostram se uma pessoa está nos ouvindo atentamente em uma reunião presencial, podemos perceber muita coisa pela voz da pessoa ao telefone.

Mostre ao interlocutor o seu interesse, resumindo os pontos principais durante a conversa.

respiração profunda e aquecendo a voz todas as manhãs, ela se tornou muito mais confiante ao telefone. Depois de alguns meses, seus índices de vendas também melhoraram. Embora seja difícil mensurar quanto a voz teve de impacto sobre o sucesso de Sandra, ela está certa de que foi um fator importante, portanto continua a fazer os exercícios vocais.

6.3

E-mail: use-o com moderação

Os e-mails são rápidos, eficientes e convenientes. Eles permitem a comunicação quase instantânea por todo o mundo, não só em texto, mas também com o envio de imagens e anexos. Todavia, há um inconveniente: as nossas caixas de entrada estão ficando abarrotadas e nem todos os e-mails são importantes profissionalmente.

Imagine não ser capaz de enviar uma imagem ou mesmo um pequeno vídeo a um colega de trabalho ou alguém em outro país. A comunicação ficou tão fácil hoje em dia que você não precisa sair de sua mesa para estar em contato com alguém em qualquer lugar do mundo.

Além da velocidade da comunicação, há uma informalidade que traz enormes benefícios. Ela permite que você entre em contato com pessoas de diferentes níveis na empresa. No passado, você teria de agendar reuniões ou escrever uma carta. Hoje, basta mandar um e-mail.

> **Minuto de reflexão** – Antes de cada e-mail, pergunte a si mesmo: "Este é o melhor meio de comunicação para isso?"; "Preciso enviar cópia para todas essas pessoas?"; "Seria melhor não detalhar tanto?"; "É fundamental que eles tomem conhecimento disso ou não?"

"Acredito que a moderação é essencial para uma vida bem-ordenada."

John D. Rockefeller, industrial americano

Suponha que você queira que alguém em outro país faça a revisão inicial de um documento. Você pode enviar o documento rapidamente por e-mail durante o dia e acompanhar o retorno no fim do dia. Se você estiver ansioso pela resposta, pode incluir uma "confirmação de recebimento", para ter certeza de que o destinatário recebeu sua mensagem.

Contudo, há o inconveniente: muitos e-mails. E também há o "fenômeno do cc (*com cópia*)": algumas pessoas parecem enviar cópias de suas mensagens para todos na empresa apenas para dar a impressão de que estão trabalhando, já que "disparam" e-mails a todo instante.

O problema é que isso não produz resultados efetivos. Tudo o que essa "síndrome do *responder a todo*s" faz é sobrecarregar sua caixa de entrada e sua rotina, sem trazer nada de construtivo ou de instrutivo.

É interessante manter as pessoas cientes do que você está fazendo, porém, antes de enviar o próximo e-mail, PARE e PENSE:

- Você realmente precisa enviar um e-mail para essa pessoa?
- Esta é a melhor maneira de transmitir essa mensagem?
- Se for melhor telefonar ou falar pessoalmente, então FAÇA ISSO.

Imagine se para cada e-mail que você enviasse lhe fosse cobrado um valor. Você os enviaria? Seja econômico: use o e-mail com moderação!

Não responda a todo o grupo se apenas uma pessoa precisa de sua mensagem.

6.4

Seja profissional

O mundo está se tornando mais informal. Algumas pessoas nunca escreveram cartas formais. Nas empresas, elas escrevem e-mails e, na vida pessoal, enviam bilhetes. O limite entre o que é adequado na comunicação particular e na comunicação profissional parece se tornar indistinto. Saiba diferenciar o que é adequado na comunicação profissional e na comunicação particular.

Os e-mails não são tão formais quanto as cartas, mas são duradouros. Sua mensagem ficará no computador do destinatário até que ele a apague. Uma ligação telefônica dura apenas alguns minutos; um e-mail pode durar semanas, meses ou anos.

Ainda que, em um bilhete, você talvez possa negligenciar a gramática e escrever um texto superficial e pouco preciso, o e-mail precisa se parecer mais com uma carta. Eis algumas orientações:

■ Evite pontos de exclamação e reticências. Passe o verificador ortográfico.
■ Expresse claramente o "assunto" do e-mail, demonstrando o tema e o objetivo da mensagem.

> **Minuto de reflexão** – Antes de clicar em "Enviar", procure sempre reler o e-mail para evitar informações indevidas. Se você fosse o destinatário da mensagem, como a entenderia? Há possibilidade de algum mal-entendido no que você escreveu?

> **"Você não escreve porque quer dizer alguma coisa. Você escreve porque você tem alguma coisa a dizer."**
>
> **F. Scott Fitzgerald, romancista americano**

- Concentre-se nas questões profissionais. Isso quer dizer: não tente ser engraçado, a menos que tenha um relacionamento muito próximo com o destinatário. Evite também o sarcasmo, especialmente se o e-mail for para alguém de outra cultura. Lembre-se: cada pessoa pode interpretar de maneira muito diferente o que você escreveu.
- Seja extremamente cuidadoso ao compartilhar informações pessoais em e-mails e evite criticar colegas da empresa. Isso não é adequado dentro de um contexto profissional. Em termos práticos, pense em para quem o e-mail poderia ser imediatamente encaminhado. Você gostaria que isso acontecesse?
- Se estiver irritado, não escreva o e-mail. Repito: em hipótese alguma, libere sua raiva em um e-mail. Você não resolverá nada. Na realidade, provavelmente alimentará ainda mais o conflito. Por quê? Porque o destinatário não o lerá só uma vez, mas várias vezes. E o pior: ele poderá interpretar mal as suas palavras. Na dúvida, respire fundo e acalme-se.

Lembre-se: se não for profissional, não escreva.

Não escreva em um e-mail algo que você não gostaria que fosse compartilhado dentro da empresa.

6.5

Não use o e-mail como evasiva

Alguns empregados usam o e-mail como mecanismo de evasiva. Se você está com medo de seu chefe ou lhe é solicitado fazer algo que não deseja, o e-mail se torna uma ótima maneira de se livrar dos problemas: "Se eu enviar um e-mail, evito falar com ele" ou "Posso repassar esse problema para ele."

Acontecem muitas situações difíceis em que é tentador mandar um e-mail em vez de lidar com o problema diretamente, frente a frente. Eis alguns exemplos:

■ **Disciplinar um empregado.** Você deve enviar e-mails para disciplinar seus empregados ou para lhes chamar a atenção? Mensagens como: "Você errou aqui", "Seu salário será reduzido" ou "Você está dispensado!" Não, não! Mensagens de advertência devem ser dadas pessoalmente.

■ **Lidar com problemas pessoais.** Se um empregado está doente ou tem um problema pessoal, é mais adequado e empático falar diretamente com ele. O e-mail pode parecer muito insensível e frio.

■ **Ignorar problemas.** Do mesmo modo, você não deve ignorar os e-mails a fim de evitar, ou protelar, problemas que precisam de solução. Não use desculpas como: "Desculpe-me, não fiz a tarefa porque não recebi o e-mail" ou "Que estranho... o e-mail deve ter caído na pasta de spam." Ninguém acreditará em você. Não finja que não recebeu um e-mail para evitar seu gerente, ao achar que cometeu algum erro.

"Escrever diz respeito à comunicação."
George Orwell, escritor inglês

- **Evitar conflitos.** Tanto na vida profissional como na pessoal, as pessoas detestam conflitos e farão de tudo para evitá-los. Uma pesquisa recente mostrou que, diante de um potencial conflito, quase ¾ dos empregados prefeririam mandar um e-mail a lidar com o problema falando diretamente com a outra pessoa.
- **Desculpar-se.** Nessa mesma pesquisa, descobriu-se que, quando os empregados tinham que se desculpar por algum erro, eles prefeririam fazê-lo por e-mail. Em ambos os casos, contudo, o e-mail não deve ser usado para evitar a situação.

As pessoas consideram mais fácil enviar um e-mail que olhar diretamente nos olhos de outra quando há um problema. Isso se dá porque elas sentem, de algum modo, que assim não terão de assumir a responsabilidade – que estarão menos envolvidas. Isso, porém, é inadequado e profissionalmente não ajudará a pessoa em nada nas questões interpessoais dentro da empresa. Um e-mail pode ser rápido e eficiente, mas isso nem sempre o torna adequado.

Se escolher se comunicar por e-mail, pergunte a si mesmo se esse seria o método mais profissional a adotar. Em caso de dúvida, opte por falar diretamente com a outra pessoa.

Sempre verifique se enviar um e-mail é a maneira mais adequada de transmitir sua mensagem.

Capítulo 7

Superando as dificuldades

Nem sempre as relações profissionais são tranquilas. Às vezes, não gostamos do que temos de fazer ou das pessoas com quem trabalhamos. Qual seria o segredo para a boa convivência com as pessoas? Como sair do conflito e das discordâncias para a construção de relacionamentos sólidos? Como compartilhar más notícias? Este capítulo mostrará alguns segredos da comunicação pessoal que resolverão suas dificuldades.

7.1

Mantenha o foco

Quando souber que está lidando com uma pessoa difícil e que poderá haver problemas, não reaja falando prontamente. Sempre pense em qual é o melhor resultado que você pode obter com a comunicação. Bons comunicadores não falam sem um propósito. Eles têm objetivos, um foco na conversa.

Se estiver em uma situação difícil, reserve um momento antes de começar a conversa para se perguntar qual resultado você quer obter. Isso não vale só para as situações difíceis, claro. As pessoas passam grande parte do seu dia de trabalho conversando com colegas, escrevendo e-mails, fazendo ligações telefônicas, enfim, ocupando-se de algum modo, sem de fato reservar algum tempo para pensar no que querem obter com sua comunicação. Não consideram, portanto, que tipo de comunicação poderia ser mais eficiente.

Pare e pergunte a si mesmo:
- "O que desejo obter com essa interação? O que seria um bom resultado para mim?"

Minuto de reflexão – Desenvolva uma atitude mental positiva antes de começar a conversa. Se você demonstrar que quer responder tanto às suas necessidades quanto às da outra pessoa, ela ficará mais receptiva a seu discurso desde o início.

"Ao começar, tenha o fim em mente."

Stephen R. Covey, autor motivacional

■ "E quanto à(s) outra(s) pessoa(s)? O que provavelmente elas querem? O que seria um bom resultado para elas?"

Trata-se de perguntas muito simples, porém pouco lembradas. Verifique se o resultado desejado é possível. Você se contentaria com um resultado inferior, se necessário?

Agora, pense nas objeções que podem ser levantadas pela outra pessoa. Se existem possíveis obstáculos ou problemas, como você conseguirá superá-los?

Eis alguns pontos para reflexão:

■ Quais problemas podem surgir como resultado dessa interação? Como você lidará com cada um deles?

■ Você pode transformar algum desses problemas em benefício para a outra pessoa?

■ Como saberá que obteve o resultado desejado no fim da conversa?

Esse tipo de comunicação planejada é a melhor maneira de evitar problemas e resolver uma situação difícil. Pensando no ideal, a situação deve resultar em ganhos mútuos para todos os envolvidos na interação.

Sempre inicie a comunicação com o foco na geração do resultado que você deseja.

7.2

Diga "não" habilmente

No mundo dos negócios, não é suficiente ser agradável e sempre dizer "sim". Você pode fazer alguns amigos, mas haverá um momento em que precisará dizer "não", embora de maneira gentil. Se não consegue dizer "não" quando alguém lhe pede alguma coisa ou lhe pergunta se concorda, você acabará ressentido por aceitar coisas que não desejaria.

Nos negócios, as dificuldades muitas vezes acontecem porque uma pessoa é dominadora ou agressiva e intimida as outras pessoas para que cooperem. Muitos apenas cedem e são passivos porque parece a maneira mais fácil no curto prazo.

Se essa é a sua atitude, está na hora de aprender a ser assertivo. Eis algumas etapas que tornarão mais fácil para você dizer "não" e ainda parecer positivo e cooperativo para a outra pessoa.

> **Minuto de reflexão** – Use sua habilidade de criar *rapport*. Acompanhe e espelhe a linguagem corporal da outra pessoa antes de começar a falar. Ao fazê-lo, você se sentirá bem com o que disser e a outra pessoa também. Ela se sentirá mais sintonizada com a mensagem que você quer transmitir.

> **"A arte da liderança é dizer 'não', e não dizer 'sim'. É muito fácil dizer 'sim'."**
>
> **Tony Blair, ex-primeiro ministro britânico**

- **Escutar.** Primeiro, é importante que você pare e escute o que a outra pessoa está dizendo.
- **Mostrar.** Em seguida, é importante que você mostre que escutou. Confirme verbalmente que ouviu o pedido e que está pensando sobre ele.
- **Ser claro.** Agora, explique o que o impede de ajudar nesse caso. Seja breve e genérico.
- **Ser positivo.** Finalmente, deixe uma declaração otimista, de modo que a outra pessoa saia com uma sensação positiva. Por exemplo, sugira uma alternativa ou diga como poderá ajudar no futuro.

Eis um exemplo: "Isso parece muito interessante. Eu ficaria contente em atender esse cliente com você. No entanto, tenho um compromisso hoje. Talvez você possa pedir ajuda para a Susana. Será um prazer acompanhá-lo em outra ocasião."

Ao começar e terminar sua resposta com um tom positivo, a outra pessoa se sente ouvida e compreendida, e o "não" soa gentil, em vez de agressivo.

Aprenda a ser assertivo e diga "não" de maneira positiva.

7.3
Controle suas emoções

O segredo para a comunicação eficiente em uma situação potencialmente difícil é controlar suas emoções. Se você se comportar emocionalmente, a outra pessoa também fará isso. Se ficar irritado, a outra pessoa se sentirá irritada ou intimidada. Se você se sentir consternado, os outros poderão vê-lo como alguém de quem se sente pena. Em um contexto profissional, essa reputação não é desejável.

Seja em uma situação em que você queira ser assertivo, seja lidando com uma reclamação ou informando más notícias, aprender a controlar seu estado emocional faz toda a diferença em como a outra pessoa escutará o que você diz. Quanto mais profissional, calmo e racional você puder ser, melhor se sairá na expressão de suas ideias. Tudo o que precisa para controlar suas emoções é a prática. Mesmo que você seja uma pessoa muito emocional, poderá aprender a se controlar.

Estudo de caso – Toda a vez que Daniel ia conversar com seu chefe, sentia-se muito nervoso. O chefe era intimidador: espalhafatoso e extrovertido, ele dominava toda a empresa. Se visse alguém lendo quando achava que a pessoa deveria estar perseguindo uma venda, ele se aproximava e arrancava o jornal das mãos dela. Depois de um mês, no entanto, Daniel começou a mudar seu

Sempre que quiser parecer positivo, use a memória e a imaginação. É uma técnica simples, porém muito eficiente.

■ **Respiração.** Preste atenção à sua respiração. Respirar superficialmente nos torna mais emocional. Acalme sua respiração, fazendo uma série de respirações profundas e longas.

■ **Pensar positivo.** Tente se relembrar de momentos em que você se sentiu feliz, confiante, calmo e relaxado. Imagine que está vivenciando aqueles momentos agora. Ao fazê-lo, sentirá as mesmas emoções positivas.

■ **Relaxar o corpo.** Agora, movimente-se até sentir o corpo realmente confortável. Expresse a linguagem corporal de uma pessoa feliz e calma e você se sentirá contente e relaxado.

Ao se lembrar de momentos em que você se sentia positivo e imaginar a cena como se estivesse acontecendo agora, seu corpo começa a acreditar que aquilo está realmente acontecendo. Evidentemente, você sabe que está apenas imaginando; ao fazê-lo, entretanto, você muda de fato seu estado emocional.

Ao ser capaz de controlar suas emoções, você também poderá controlar o resultado de sua comunicação.

comportamento. Ele aprendeu a sempre se sentir e parecer confiante. Inicialmente, foi uma simulação, mas, aos poucos, se tornou natural. E, aos poucos, a atitude do chefe diante de Daniel mudou. Em vez de importuná-lo, o chefe parava para conversar com ele. Daniel veio a perceber que metade do comportamento do chefe era blefe e fanfarrice – também era um pouco de encenação.

7.4

Não interrompa

Não há como ter uma comunicação eficiente se você interrompe constantemente a outra pessoa enquanto ela fala. A interrupção faz com que a pessoa sinta que não está sendo ouvida nem apreciada. Isso pode gerar um rápido ressentimento. Lide com as dificuldades sem ser inconveniente.

Sempre que você fala enquanto outra pessoa está se expressando, atrapalha a comunicação e cria um problema. Não importa quão bem-intencionado você seja: temos uma interrupção da boa comunicação. O que quer que você imagine que a outra pessoa vai dizer não necessariamente será o que ela dirá.

Muitas pessoas ficam tensas quando estão para ter uma conversa que imaginam não será fácil – por exemplo, informar más notícias. Elas acham que a maneira mais fácil de controlar a situação é dominar a conversa, se necessário por meio da interrupção. Na verdade, isso gera

> **Minuto de reflexão** – Uma técnica que os mediadores adotam para assegurar uma comunicação efetiva quando há um debate entre duas pessoas é esperar que aquela que está falando termine seu discurso. Então, o mediador lhe pergunta: "Gostaria de acrescentar algo mais?" e oferece tempo suficiente para a reflexão. Tente essa técnica na próxima vez em que vivenciar uma conversa difícil.

"Não há grosseria maior que interromper alguém em seu discurso."

John Locke, filósofo inglês do século 17

mais problemas. Mesmo em uma conversa normal, isso causa problemas. Estas são algumas atitudes das pessoas ao interromper:

- **Voltar a atenção a si próprio.** "Ei, eu passei por situação muito parecida" ou "Deixe-me falar o que aconteceu comigo."
- **Terminar a frase para a outra pessoa.** "Eu sei o que você está querendo dizer" ou "E então aconteceu isso, não foi?"
- **Fazer sugestões sem ouvir.** "Concordo com o que você está tentando dizer e tenho uma sugestão para você..." Quem estava falando pensa que o interlocutor estava ouvindo, mas, na realidade, não estava, porque este acha que sabe o que viria em seguida.
- **Outras interrupções.** Podem ser na forma de bocejos, inquietações, deixar o telefone tocar no meio da conversa, olhar para outra coisa ou outra pessoa ou fazer várias coisas ao mesmo tempo.

Evitar as interrupções é o primeiro passo para se criar efetivamente uma comunicação empática. A melhor maneira é mostrar ao interlocutor que você está interessado no que ele quer dizer. Para resolver os problemas, em vez de criá-los, evite as interrupções e passe a ouvir.

Você não estará sendo útil terminando frases ou dando sugestões enquanto alguém está falando.

7.5

Questione o mau comportamento

Se uma pessoa está criando dificuldades – demonstrando irritação, emoção ou simplesmente obstruindo a negociação –, lembre-se de que o comportamento dela não indica *quem ela é*. Durante a conversa, concentre-se *no que ela está fazendo*, em vez de criticá-la como pessoa.

Rotular uma pessoa pelo que ela fez ou falou é uma forma de comunicação ineficaz, pois não ajuda a mudar o comportamento. Na realidade, pode acabar alimentando o mau comportamento, porque a pessoa se sentirá malentendida e como consequência poderá nutrir ressentimentos.

Rotular é fazer asserções do tipo "é/são". Eis alguns exemplos:

- David não terminou o projeto no prazo; logo, ele é preguiçoso.
- Milene e Susana são sempre pontuais; logo, elas são pessoas excelentes.

Rotular pessoas é uma maneira subjetiva e simplista de pensar e de se comunicar. Se você elogia alguém, não há grande problema. No entanto, se rotula a pessoa negativamente, temos um problema.

O rótulo negativo geralmente ocorre quando a outra pessoa parece fazer algo de que você não gosta. É fácil simplesmente dizer: "ele faz isso porque é uma pessoa assim e assim", em vez de parar e procurar separar o que ela está fazendo de quem ela é como pessoa.

Não rotule. Em vez disso, questione o comportamento:

"É da natureza humana pensar inteligentemente e agir tolamente."

Anatole France (1844-1924), escritor, jornalista e poeta francês

■ **Reconheça a natureza humana.** Se você aceitar que somos todos preguiçosos, arrogantes, difíceis, excelentes, ótimos e todos os outros qualificativos, em diferentes momentos, torna-se fácil parar e lidar com o problema real, evitando-se rótulos.

■ **Seja específico.** Explique à pessoa o efeito do comportamento dela sobre você, as outras pessoas ou a empresa. Concentre-se no comportamento e seja específico, como neste exemplo: "Você chegou uma hora atrasada hoje. Quando você se atrasa, tenho de cobrir sua ausência. Isso tem um efeito negativo sobre mim."

Ao falar do comportamento e não do indivíduo, seu interlocutor provavelmente ouvirá o que você disse e mudará o comportamento.

Quando "apontar o dedo" para alguém, lembre-se de que as outras pessoas podem estar fazendo o mesmo em relação a você.

7.6

Ouça empaticamente

O nível mais profundo de audição ocorre quando você ouve a opinião da outra pessoa e, ao mesmo tempo, se coloca no lugar dela, imaginando-lhe o sentimento. Esse nível de audição é muito útil quando você está orientando alguém, negociando ou trocando feedbacks. É uma parte fundamental das conversas difíceis.

Ouvir empaticamente pode ajudá-lo a construir relacionamentos sólidos com a equipe e a neutralizar situações críticas ou de conflito. Também o ajuda a perceber o que a outra pessoa está sentindo, mesmo que você não venha a concordar com ela (e, certamente, você não precisa concordar).

A habilidade de ouvir pode ter a ver com a compreensão do sentimento da outra pessoa, mas ela começa em você.

■ **Pense pela perspectiva do outro.** Ao começar a conversa, pense em quais seriam as principais questões para a outra pessoa.

> **Estudo de caso** – Lílian relata:
> – Nunca havia considerado ouvir empaticamente até que fiz um treinamento em que cada pessoa no grupo contava uma pequena história sobre algum problema não resolvido. Todos no grupo ouviam todos. Primeiro, pensamos sobre como a história foi contada: que palavras foram usadas e o ritmo da história. Em seguida, consideramos como a pessoa deveria

Considere o motivo de ela estar conversando com você sobre o problema e também o que ela deseja ouvir em resposta.

- **Compreenda o sentimento alheio.** Se você atentar aos sinais na conversa, com a intenção de compreender a outra pessoa, poderá até se antecipar a ela, já que muitas pessoas não compreendem os próprios sentimentos.
- **Perceba as motivações.** Estando bem atento, você será capaz de perceber não só como o interlocutor se sente, mas também a motivação dos sentimentos dele.
- **Use a linguagem corporal.** Demonstre interesse e atenção ao interlocutor. Esteja receptivo, incline-se para a frente e faça perguntas de acompanhamento da conversa.
- **Use frases eficientes.** "Posso ver que..."; "Você deve se sentir..."; "Entendo que..."; "Você parece um tanto..." Procure não usar a palavra "mas" ou anulará a empatia.

Ouvir com empatia resulta em um sentimento de boa disposição para com a outra pessoa, uma indicação de estar em *rapport*. É o melhor começo para desfazer qualquer problema pessoal no ambiente profissional.

Aprenda a ouvir empaticamente, ou seja, com a intenção de compreender a outra pessoa.

estar se sentindo ao narrar as diferentes partes da história. Depois, refletimos sobre a motivação e sobre o que a pessoa iria fazer quanto ao problema descrito. Finalmente, recontamos as histórias que ouvimos e cada narrador nos dizia se estava correta. A experiência mudou meu ponto de vista sobre duas pessoas do grupo e hoje eu escuto bem melhor as pessoas em geral.

7.7 Torne-se um grande negociador

A habilidade para negociar é essencial para a solução de pequenas ou grandes dificuldades. Tornando-se um negociador experiente, você sempre será chamado para resolver mal-entendidos que poderiam se agravar e causar danos reais nos relacionamentos profissionais e no resultado da empresa.

O ponto-chave em uma negociação é ter em mente o objetivo de se chegar a uma situação "ganha-ganha" – um resultado que seja o melhor para cada parte. Isso implica não apenas responder a uma proposta com uma contraproposta, mas continuamente reafirmar o que foi dito e fazer perguntas para saber qual o benefício real de cada proposta.

■ **Conheça os objetivos de cada pessoa.** Você precisa conhecer o que as partes querem e precisam com a negociação. Os objetivos podem ser diferentes.

> **Estudo de caso** – Antônio conta:
> – Aprendi que, em negociações e conversas difíceis, o melhor é falar somente por si. Quando você afirma alguma coisa utilizando o pronome "eu", está falando por si. Quando você diz "nós" ou "você", está falando pelas outras pessoas e pressupondo o ponto de vista delas. Percebi que fazer pressuposições é um grande

"O fracasso é a base do sucesso."

Lao-tsé, sábio chinês

- **Pergunte e esclareça.** As pessoas usam palavras como fatos. Tem certeza de que entendeu o que queriam dizer? Pergunte para se certificar.
- **Resuma.** Reafirme o que foi dito para ampliar o entendimento e confirmar os argumentos: "Deixe-me confirmar onde estamos agora."
- **Comunique suas impressões.** Use frases como: "Esse tópico da questão não está claro para mim"; "Penso que não estamos tratando o suficiente desse ponto."
- **Evite ataques.** Se a outra pessoa o atacar, verifique a que resultado ela quer chegar, para entender o motivo do ataque.
- **Faça um intervalo.** Se houver algum impasse, pare e faça um intervalo. Um pouco de tempo pode ajudar bastante.
- **Busque um resultado de "ganha-ganha".** Pense em pelo menos três opções de solução. Escolha a melhor e atenha-se a ela.

Cheque a compreensão mútua durante toda a negociação.

erro em negociações, já que abre espaço para mal-entendidos. O pronome "você" também pode parecer agressivo ou acusador, enquanto "eu" expressa apenas minha opinião e meu ponto de vista. Em um debate, o pronome "eu" separa emoção e fatos. Hoje em dia, uso expressões como: "Estou tendo dificuldades em compreender isso", em vez de "Você não está sendo claro."

7.8

Evite julgamentos

"Acho pífio esse argumento"; "Sim, sei que é o que você quer, mas isso não é tão importante quanto o que eu quero"; "Isso é ridículo." Se você é tão crítico assim em sua comunicação pessoal, não irá muito longe em sua vida social ou profissional. Como proceder então?

Evitar julgamentos quer dizer não fazer comentários que desqualifiquem a outra pessoa. Também significa não pensar dessa maneira. Por quê? Se você não valoriza a outra pessoa e as necessidades dela, nunca buscará uma solução "ganha-ganha".

Uma situação em que duas ou mais pessoas têm diferentes pontos de vista e diferentes necessidades pode facilmente se converter em conflito. Em maior escala, basta observar em todo o mundo os conflitos causados por atitudes e pensamentos diferentes. O confronto pode evoluir a partir da mínima discordância, se cada pessoa se apegar obstinadamente à própria opinião e não tentar encontrar uma solução.

Você pode não concordar com tudo, mas pode chegar a um acordo satisfatório se negociar e se comunicar com empatia.

A ideia da "comunicação não violenta ou empática" foi desenvolvida pelo psicólogo americano Marshall Rosenberg e é adotada com sucesso em todo o mundo, em situações de comunicação difícil. Seu segredo é evitar julgamentos sobre a pessoa com quem você está negociando. Se você a julgar, ela saberá.

> **Minuto de reflexão** – Ao fazer uma sugestão em uma negociação, procure indicá-la. Por exemplo: "Tenho uma sugestão"; "No momento, gostaria de sugerir..." Desse modo, todos entenderão exatamente o que pretende dizer.

Eis alguns tópicos que devem ser lembrados:

- **Evite julgamentos e coerção.** Gerar medo, culpa, vergonha, reprimendas – ou elogios por meio de julgamentos – simplesmente não funciona em longo prazo para resolver uma situação de conflito. Mas, quando você evita julgamentos, resguarda-se de intimidar ou constranger a outra pessoa a fazer o que você quer. Trata-se do primeiro passo para a solução.
- **Demonstre empatia.** Ao evitar julgamentos, poderá estabelecer uma conexão entre você e o interlocutor. Isso se dá com a demonstração de empatia, que faz com que a outra pessoa se sinta segura.
- **Estimule a receptividade.** Quando a pessoa percebe que você está realmente interessado no que ela está dizendo, há mais chances de você entender o que ela deseja, já que a pessoa se sentirá mais segura para se abrir. Daí, você pode prosseguir com a negociação.

Demonstre que você está verdadeiramente receptivo para ouvir o que a outra pessoa quer dizer.

Índice de jargões

Acompanhamento e espelhamento
Técnica para mudar os sentimentos de *rapport* em um grupo.

Audição ativa
Ouvir com interesse, e não passivamente.

Auditivo
Refere-se ao sentido da audição.

Cinestésico
Outra palavra para o sentido do tato.

Comunicação empática
Veja comunicação não violenta.

Comunicação não violenta
Estilo de comunicação e mediação desenvolvido pelo psicólogo americano Marshall Rosenberg.

Expectativa
O resultado ou objetivo específico desejado.

Linguagem corporal
Comunicação não verbal. A maneira como você se comunica com a voz e o corpo.

Modelo E2-O3
Modelo de feedback construtivo.

Modelo "sanduíche"
Modelo de feedback alternativo ao modelo E2-O3.

Nível de detalhamento
O montante de detalhes que uma pessoa processa (visão global ou detalhista).

Pessoas "Meta" e Pessoas "Fuga"
Valores positivos e negativos que motivam as pessoas em todas as situações.

Posição escanchada
Posição de pé ou sentada que denota poder no relacionamento.

Programação neurolinguística
Também conhecida como PNL, é uma conhecida metodologia ou conjunto de técnicas que envolvem comunicação e resultados.

Rapport
O sentimento de confiança e sensação de aceitação e afinidade gerados entre duas ou mais pessoas.

Resumir
Técnica de reafirmar o que foi combinado, usada particularmente em negociações.

Valores
O que é importante para a pessoa em dada situação.

Visual
Refere-se ao sentido da visão.

Zona pessoal
O território invisível ou espaço individual em torno de uma pessoa.

COLEÇÃO
SEGREDOS PROFISSIONAIS

Os livros da série *Segredos Profissionais* são indispensáveis para aprimorar suas habilidades corporativas. Dez guias, em linguagem clara e objetiva, trazem estratégias comprovadamente eficazes e de fácil aplicação sobre assuntos de grande importância: apresentação, liderança, negociação, marketing, entre outros do mundo corporativo. Coleção *Segredos Profissionais* – um novo impulso à sua carreira.

Editora FUNDAMENTO
www.editorafundamento.com.br

Conheça também outros livros da FUNDAMENTO

▶ QUEM PENSA ENRIQUECE
Napoleon Hill

Todos querem ficar ricos, mas poucos conseguem. Será que existe segredo para se tornar milionário? Você pode descobrir isso em *Quem pensa enriquece* – um livro que cada vez mais tem ajudado pessoas a se tornarem bem-sucedidas e poderosas!

Nesta obra-prima de Napoleon Hill, você vai conhecer as características de grandes vencedores, como Henry Ford e Theodore Roosevelt, e aprender a usá-las a seu favor. Use a imaginação, a persistência e o planejamento e mude a sua vida para muito melhor.

Editora FUNDAMENTO
www.editorafundamento.com.br